한국 기업이 망할 수밖에 없는 17가지 이유

한국 기업이 망할 수밖에 없는 17가지 이유

초판발행 | 1999년 4월 10일
3쇄발행 | 2000년 10월 27일
지 은 이 | 이광현
펴 낸 이 | 신영철
펴 낸 곳 | 한국능률협회
　　　　　 1978년 5월 15일 등록(제13-19호)
　　　　　 서울 마포구 도화동 544 고려빌딩
　　　　　 전화: 02-719-1424 팩스: 02-715-7807
편　　집 | 디컨하우스
인　　쇄 | 성광기획인쇄

값 9,000원

ISBN 89-7277-167-8 03330

한국 기업이 망할 수밖에 없는 17가지 이유

이 광 현 지음

한국능률협회

지금 전세계에 똑같은 깃발 하나가 펄럭인다. 너무 빠르다. 인간의 지각으로는 도저히 따라잡을 수 없는 광속이다. 그러나 형체는 분명하다. 깃발이 휘날릴 때마다 여러 단어가 어지럽게 등장한다. 정보통신혁명, 창조성, 지식사회가 나온 뒤에 "변해야 산다!"는 구호가 피날레를 장식한다. 먹지 못해 굶어죽는 것이 아니라 변하지 않아 죽는다는 역설, 그것이 오늘 우리 기업을 둘러싼 진실이다. 나는 이렇게 묻는다. 당신은 살아남을 자신이 있는가?

모두들 안다. 이 거대한 변화가 어디에서 시작되었는지는 잘 모르지만 그 결과는 가공할 만한 것이라고. 많은 기업이 쓰러졌고, 그에 비례하여 수많은 직장인들이 일자리를 잃었다. 능력 부족의 근면이 결코 미덕이 아님을, 대마불사(大馬不死)의 신화 역시 허황된 도그마였음을 피눈물나는 도산과 실업으로 체험하였다. 그래서 변화는 이 시대의 화두가 되었고, 변하지 못해 안달하는 기업과 직장인이 늘어난 것도 사실이다.

하지만 당신은 지금 어디로 가고 있는가? 혹시 두려움에 떨며 남이 만들어놓은 길을 따라가지는 않는가. 여전히 재벌과 대기업의 신화를 맹신하는 것은 아닌가. 그도 아니면 순진하게도 이 위기상황이 새로운 천년을 예비하는 시험이라고 보지는 않는가. 참고 지내면 좀더 나아질 것이라는. 이런 생각이 조금이라도 있다면 아직 멀었다.

세계를 지배하는 단 하나의 규칙이 있다면, 그것은 글로벌 무한경쟁이다. 이 말 속에는 변화의 규모와 속도, 방향이 모두 담겨 있다. 필자는 글로벌 무한경쟁 속에서 한국 기업이 망할 수밖에 없었던 17가지 이유를 속속들이 파헤쳤다. 나아가 이러한 21세기의 새로운 경쟁하에서 우리들이 어떠한 자세로 대응해야 생존, 번영할 수 있는가에 대해 알아보았다. 본서는 지난 14년간 우리나라의 수많은 기업들의 경영전략, 혁신 분야를 자문하면서 접하고 느낀 바를 쉽게 풀어 쓴 것이다.

이 책을 집필하기 위해 여러 기업의 임직원이 많은 조언을 해주었다. 특히 농심과 보해양조 사례 개발을 흔쾌히 허락해준 두 회사 사장님께 감사드린다. 이 책이 널리 읽혀 우리 기업들의 경쟁체질 강화에 도움이 되길 바랄 뿐이다.

이광현

1999년 3월

차례

시작하면서

제1장 | 단 하나의 규칙, 글로벌 무한경쟁

제 2 장 | 우리 기업들이 망할 수밖에 없는 17가지 이유

제3장 역경 중에 오히려 뜨는 기업

단 하나의 규칙, 글로벌 무한경쟁

우리가 흔히 사용하는 무한경쟁이란 말은 국경과 시장의 한계가 사라진다는 뜻이다. 국경의 한계가 사라진다는 것은 국내시장이 바로 세계시장이며 우리 기업들은 국내에서조차 세계적인 경쟁을 한다는 뜻이다. 따라서 전통적인 의미의 국내시장은 더 이상 존재하지 않으며, 국내시장, 국내 고객 역시 이제는 우리 기업들만의 것이 아니다. 그러면 국내시장은 누구의 것인가? 바로 세계적으로 경쟁력이 있는 기업의 것이다.

그러나 우리나라 기업들은 이제껏 국가가 쳐준 보호막 안에서 제한적인 경쟁만을 해왔기 때문에 국내시장에서조차 세계적인 기업들과 진정한 경쟁을 해본 적이 없었다. 또한 고객을 중심으로 바라보지도 않았다. 이러한 보호 속에서 대부분의 기업들이 매년 20~30% 이상의 고도 성장을 구가했다. 이에 힘입어 우리나라 경제도 1990년대 초반까지는 두 자리 수의 높은 성장을 지속할 수 있었다. 그러나 1990년대부터 불어닥친 글로벌 무한경쟁의 돌풍은 더 이상 이러한 상황을 용납하지 않고 있다.

월마트와 이마트의 전쟁

　요즈음 우리는 TV와 신문지상에서 세계 최대의 유통업체인 월마트(Wall-mart)와 국내 기업인 이마트 간의 가격할인 경쟁을 목격하고 있다. 상황의 격렬함만으로 따진다면 전쟁에 버금가는 치열한 경쟁이 매일 전개되고 있다. 또한 월마트와 함께 세계적인 유통업체 까르푸도 한국 시장을 대대적으로 공략하고 있다.

　이러한 대형 할인매장간의 경쟁은 이것 자체만으로 끝나지 않고 여러 차원에서 국내 기업에 커다란 영향을 미치고 있다. 대도시를 중심으로 들어서 있는 대형 백화점이나 슈퍼마켓은 말할 것도 없고 심지어 동네의 구멍가게에까지 영향을 미쳐 유통산업의 형태를 이미 바꿔놓았다. 더 나아가 이제는 이러한 할인매장에 제품을 공급하는 제조기업에게도 상당한 영향력을 행사하고 있다. 즉 대형할인매장들은 그들이 소비자에게 제공하는 가격할인의 대부분을 그들의 강력한 교섭력을 바탕으로 제조업체에게 전가시키고 있다. 따라서 제조업체들이 이러한 대형 할인매장에 지속적으로 상품을 공급하고자 한다면 스스로 경영 혁신을 단행해 원가절감과 품질향상을 이루어야만 한다. 그렇지 못한 기업은 판로를 잃어버릴 수밖에 없는 상황에 직면하게 되어 도산의 위험을 맞게 될 것이다.

IMF체제 이후 1998년 한 해 동안 우리나라 백화점이 23개나 쓰러졌다. 왜 무너졌는가?

백화점업계를 둘러싸고 있는 환경은 돌풍같이 바뀌고 있는데 도산한 백화점들 대부분은 여전히 과거의 경영방식을 고수했기 때문이다. 과거 20여년간 우리나라 백화점의 성장전략은 한마디로 매출확대를 통한 양적 성장에 그 중심을 두어왔다. 백화점마다 여기저기에 분점을 개설하기 바빴고, 과다한 세일을 통하여 매출 확대를 꾀하고 그것을 바탕으로 폭발적인 성장을 추구하는 식이었다. 무리한 확장과 과다한 세일은 그 기업의 채무를 눈덩이처럼 불려놓아, 그러한 재무구조로는 IMF 체제를 견뎌낼 수 없었다. 더욱이 지금의 무한경쟁 상황하에서는 과거의 성공전략이 더 이상 먹혀들 여지가 없었다. 오히려 몰락을 재촉할 뿐이었다.

왜 이러한 상황이 전개됐는가? 국내의 대형 할인매장이 가격 경쟁력을 무기로 백화점업계를 압도하고 있고, 저성장 경제하에서 고객의 욕구가 빠르게 변하고 있다. 또한 유통·정보 혁명에 따라 인터넷을 통한 전자상거래, 통신판매가 활성화되면서 전통적인 유통구조를 무너뜨리고 있고, 특정 제품만 전문적으로 판매하는 전문백화점, 전문할인매장 등이 속속 등장하고 있기 때문이다.

변화에 신속하게 대응하지 못해 무너지는 기업이 있는가 하면 오히려 변화의 물결을 선도하는 기업도 있다. 필자는 작년에 신세계 그룹의 사장단을 교육시킨 적이 있었다. 강의가 끝난 후 그 그룹의 어떤 사장으로부터 들은 이야기다.

신세계 백화점은 6년 전부터 앞으로 백화점업계가 어떤 방향으로 가야 하는가에 대해 심도 깊은 연구를 했다고 한다. 그들은 당시 미국, 유럽, 일본 백화점업계가 어떠한 변화과정을 거쳤으며 성공한 기업의 비결과 몰락한 기업의 실패 요인은 무엇인지를 면밀히 분석해 보았다. 그리고는 나름대로 확신을 가지고 5년 전에 백화점을 통해 그 동안 축적한 핵심역량을 바탕으로 우리나라에서 최초로 대형 할인매장인 이마트와 프라이스 클럽을 출시하였다. 4년 전에는 국제화를 추진하여 중국 상해에 이마트를 개설했고, 그 후에도 계속 국내에 이마트 매장을 늘려 나갔다. 그런데 놀라운 사실은 할인매장의 매출은 매년 30~50% 이상의 엄청난 성장을 보이는 반면 백화점 매출액은 10% 이상 감소했다고 한다. 그 사장은 만약 신세계가 과거의 성공 비결에 연연해서 지속적으로 백화점 사업에만 몰두하면서 예전처럼 여기 저기 분점(백화점)만 확대했다면 과연 지금 어떤 상황에 처했을지 상상만 해도 등줄기에 식은

땀이 난다는 말로 이야기를 마무리지었다.

　모든 상황이 급변하는 무한경쟁하에서 과거의 성공전략을 그대로 답습하는 기업은 시장 잠식과 기업의 몰락이라는 치명적인 패배를 겪게 될 것이다. 이제는 새로운 시각으로 미래를 바라보고 창조적인 전략으로 이에 도전해야 한다. 그러한 기업에겐 오히려 무한경쟁이라는 상황이 경쟁체질의 강화, 세계적인 경영 기술의 습득뿐만 아니라, 잠재력이 무한한 해외시장으로 뛰쳐나갈 도약의 호기로 작용할 것이다.

헤비급과 플라이급이 싸우면 누가 이길까?

상식적으로는 승패가 이미 판가름난 싸움이다. 그러나 무한경쟁이라는 새로운 링에서는 '당연한 헤비급의 승리'가 명백한 오산일 수도 있다. 누가 이길까? 정답은 일단 붙어보아야 안다는 것이다. 과거에는 싸워보나마나 헤비급이 이겼다. 그러나 지금의 무한경쟁 상황에서 싸움이 붙게 되면 빠른 자가 이긴다. 오늘날엔 이런 기업 이야말로 경쟁력이 있으면서도 강한 기업이다.

우리나라에는 많은 헤비급 기업이 있다. 빠른가? 굼벵이다. 대부분의 기업이 수직적인 다단계 조직을 갖고 있고, 모든 의사결정 사항들이 이 단계를 거쳐야 한다.

얼마나 많은 단계를 거쳐야 하는지 예를 들어보자.

대리 → 과장 → 차장 → 부장 → 이사 대우 → 이사 → 상무 → 전무 → 부사장 → 사장 → 부회장 → 회장 → 명예회장 → 왕회장(?)

더욱이 거의 모든 권한이 톱에 집중되어 있어 환경 변화, 경쟁자 동향, 고객욕구 변화 등에 즉각 대처하지 못하고 있다.

그렇다면 우리나라 기업들이 정보가 많고 유연한가? 정보가 있기는커녕 머리가 텅 비어 있다. 여러 기업의 경영 전략 및 경영 혁신을 자문해주었던 필자의 경험에 비추어, 조직 내에 정보가 별로 없다는 사실을 장담할 수 있다. 좀더 정확하게 말하자면 정보가 있긴 있었다. 단지 그 가치만큼 효용성을 발휘하지 못한다는 점이 문제였다. 정보가 가치를 발하려면 그것이 어디에 있는가가 중요하다. 기업의 중요 정보들이 대리의 파일 속에, 과장의 서랍 속에, 부장·이사의 주머니 속에 있었다. 즉 대부분의 정보가 여러 곳에 분산되어 있다 보니 수집된 정보가 취사선택 및 분석의 과정을 거쳐 구성원들 간에 널리 공유되지 못한 채 부분적인 활용에 그치고 있었다. 이러니 머리가 텅 빈 것이나 다름없지 않은가.

그러면 우리나라 기업들이 강하다고 평가할 수 있는가? 강하기는커녕 솜방망이만 차고 있다. 즉 우리나라 기업들은 그들의 자금, 역량, 인력을 과도하게 분산시키고 있다. 수십 가지 산업분야에서 수만 가지 제품을 만들고 있으니 솜방망이 타령을 하지 않을 수 없다. 대학도 마찬가지다. 소위 법학과에서 전자공학과까지 한 대학이 무려 백 개 이상의 학과를 만들어 스스로 그들의 경쟁력을 저하시키고 있다.

우리나라의 많은 헤비급 기업 중에서도 특히 4대 재벌 기업은 각기 연간 매출액이 80조 혹은 90조 원 정도로, 이제는 우리나라 연간 예산을 뛰어넘을 정도로 엄청난 규모를 자랑한다. 그러나 막상 그 속내용을 들여다보면 답답하기 짝이 없다. 어떤 재벌기업은 칫솔, 치약, 비누에서부터 화학, 전자, 화장품, 정보통신, 패션, 백화점, 반도체, 정유, 기계, 유전공학, 건설, 금융 등 수십 가지 산업 분야에서 미처 다 헤아리지 못할 만큼 많은 제품을 생산하고 있다. 그 기업에서 생산되는 제품만으로 백화점을 꾸려도 부족함이 없을 것이다. 이처럼 그들의 역량과 자금을 과도하게 분산시켜 놓고서 어떻게 각 분야에서 세계적인 경쟁력을 확보할 수 있겠는가?

　　그러나 이름만 들어도 금방 알 수 있는 세계적인 대기업 미국의 제너럴 모터스(General Mortors, 이하 GM)사를 한 번 살펴보자. GM의 1998년 말 매출액은 우리나라 돈으로 약 180조 원 정도이다. 한 기업이 우리나라 최대 재벌그룹 두 군데의 매출액을 합친 정도의 매출을 기록, 미국내 기업들 중에서도 최상의 그룹에 속한다. GM에서는 어떤 제품을 만들어내고 있는가? 이들은 자동차관련 제품만 집중적으로 생산하는 전문기업이다. 우리처럼 정보통신, 특수강, 건설, 유전공학, 패션 등과 같은 사업을 함께 하고 있는 기업이 아니다. 그렇다면 막강 기업 GM은 왜 다른 산업분야로 눈을 돌리지 않는가. 그들의 정보망이 어수룩하고 경영자의 안목이 짧아서 미래 성장이 예상되는 첨단산업 혹은 매력적인 사업 분야를 모르고 지나치기 때문인가? 삼척동자도 알 수 있는 대답은 '아니오'이다.

GM은 우리의 대기업들과는 다른 경영 전략을 갖고 있는 것이다. 자동차관련 산업만 가지고 글로벌 시장을 공략해도 거기에 어마어마한 시장이 있다. 나아가 이러한 비관련 첨단산업에 본격적으로 진입하자면 주력사업에서의 경쟁력이 저하될 수밖에 없다. 또한 이러한 소위 첨단산업에 들어가서 경쟁할 만한 세계적인 수준의 핵심역량, 기술이 부족한 것도 한 가지 이유로 꼽을 수 있다. 즉 매출 및 자산 규모에서 세계 최고의 기업인 GM도 제한된 자금, 기술, 인력밖에 없기 때문에 글로벌 무한경쟁에서 생존하기 위해 능력과 자금을 한 곳에 집중시켜 경쟁력을 확보하고 있는 것이다.

우리나라 시중 은행을 모두 합해 봐야 홍콩의 큰 은행 하나 규모도 안 된다. 안에서만 보면, 우리나라의 대기업이 헤비급 같지만 세계적인 헤비급 기업과는 아예 비교조차 할 수 없을 정도이다. 그런데 더욱 놀라운 사실은 이러한 세계적인 헤비급 기업들이 세계 시장을 장악하기 위해 동종 업계간 인수합병(M&A)을 통해 더욱 규모를 키우고 있다는 것이다.

1998년도에 일어난 대표적인 인수합병(M&A)만 해도 미국 시티은행과 트래블러스가 합쳐 시티그룹을 탄생시킨 것을 비롯해 자동차산업에서는 다임러–벤츠와 크라이슬러의 합병, 폴크스바겐의 롤스로이스 인수, 포드가 스웨덴의 볼보 인수 등을 꼽을 수 있다. 또한 미국 체이스 맨해튼은행과 케미컬은행이 합병했으며 항공기 제작업체인 보잉과 맥도넬 더글러스가 합쳐졌다.

또한 1996년 일본의 도쿄은행과 미쓰비시은행이 총자산 6,500억 달러 규모의 합병을 통해 당시 세계 최고의 도쿄–미쓰비시은행을 탄생시켜 세상을 놀라게 했었다. 지난 몇 년간을 돌아보면 그 비슷한 사례들이 무수히 많다. 목표는 단 하나, 강화된 역량으로 최고의 경쟁력을 확보해 세계 시장을 석권하겠다는 것이다. 우리나라의 기업도 이제 강한 기업의 조건을 다시 생각해볼 때가 되었다.

종합이란 환상에서 깨어나라

우리나라에는 기업, 대학, 병원, 은행들에 유난스레 종합(綜合)이란 말이 많이 등장한다. 종합이란 말이 들어 있지 않으면 명함을 내밀기 어려울 정도이다. 더구나 소위 종합이란 미명하에 전방위적, 선단형 경영을 구축해 성장의 틀로 활용해왔다. 이를테면 종합무역상사, 종합건설회사, 종합식품회사, 종합가전회사, 종합금융회사, 종합대학, 종합병원 ….

종합이란 말이 모든 산업분야에서 판을 치다 보니 심지어 전문대학마저도 종합대학이 되기 위해 초창기 전문분야와 전혀 관계없는 학과들을 마구 신설하여 외형을 확대시켰다. 또한 건설회사들은 백화점식으로 토목, 건축, 개발, 플랜트, 엔지니어링, 주택 등 전문성을 도외시한 채 건설의 모든 부문을 취급하는 종합건설회사가 되려고 매진했었다. 물론 종합의 틀이 성장에 유용했던 시기도 있었다. 그러나 이제는 종합이란 틀을 통해 세계적인 경쟁력을 획

득하기란 한마디로 환상이란 사실을 분명히 인식해야 한다.

이렇게 아무데서나 종합을 외치다 보니 우리나라 기업들은 독특한 색깔이 사라져버렸다. 예를 들어 현대그룹 하면 제일 먼저 무엇이 떠오르는가. 소떼? 자동차? 건설? 백화점? 전자? 조선? 증권? 여러 가지를 꼽을 수 있겠지만 정작 가장 크게 떠오르는 것은 역시 정주영 씨이다. 대우 하면 김우중 씨, 삼성 하면 이건희 씨가 떠오른다. 이것은 달리 말해 기업의 특색이 없다는 것을 의미한다. 독특성도 차별성도 없다는 것이다.

하지만 나이키, 맥도널드, 월마트, 닌텐도, 도요타, 네슬레 같은 이름이 상기시키는 것은 무엇인가. 곧바로 특정제품, 특정산업이 떠오른다. 이들은 그들 산업 혹은 제품 분야에서 독특한 브랜드와 우월한 기술력으로 그들 자신을 타기업과 차별화시키고 있으며, 이를 통해 그 분야 세계 최고의 기업으로 자리잡고 있기 때문이다.

하나의 예를 들어보자. 인구가 오천 명이나 만 명 정도 모여 사는 면(面) 단위 지역에서 어떤 사람이 소매업을 시작하고 싶다면 어떤 사업을 고르는 게 적당할까? 아마 식료품, 철물, 옷가지 등을 함께 취급하는 잡화상을 해야 먹고 살 수 있을 것이다.

그러나 인구가 천만 명 이상 모여 사는 서울 같은 대도시에서 새롭게 사업을 시작할 예정이라면 어떻게 해야 좋을까? 우선 업종을 선택한 다음 그 업종에 관련된 전문점을 생각해보아야 한다. 의류업을 하기로 결정했다면, 의류전문점에서도 패션전문점으로 그 중에서도 10대 후반에서 20대 중심의 젊은 여성층을 겨냥한 패션전문점을 열어도 좋을 것이다. 여기에는 이미 그 정도의 전문성을 충분히 소화할 수 있는 커다란 시장이 존재하기 때문이다.

유럽에는 경제 규모가 우리나라보다 서너 배 큰 국가들이 여럿 있는데, 이들 나라에 가보면 거의 예외없이 그 안에 있는 기업들이 우리나라 기업보다 훨씬 전문적인 영역에 몰두하고 있음을 쉽게 볼 수 있다. 미국의 경우엔 더욱 그렇다. 세계 최대의 국내시장을 보유하고 있는 나라답게 상위 10대 기업 중 제너럴 일렉트릭(General Electric, 이하 GE)만 빼놓고 모두 전문 영역에서 활동하는 기업들이다. 즉 한 나라 국내시장의 규모가 크면 클수록 그 안에 있는 기업들은 전문 영역에 집중하는 편이고, 작으면 작을수록 잡화상 경영을 하게 된다는 사실이다.

글로벌 시장이란 무슨 뜻인가? 국경의 존재가 무의미해진, 바야흐로 전세계 시장이 하나의 큰 시장으로 합쳐지고 있음을 의미하는 말이다. 그리고 다양한 고객들이 존재하는 다원화된 사회이기 때문에 글로벌화된 세분시장이 많이 존재한다는 것을 의미한다. 즉 이제는 어떠한 작은 분야의 상품이라도 세계적인 차원에서는 거대한 규모의 글로벌 시장이 존재한다는 말이다. 이러한 글로벌 시장에서 종합을 추구하는 잡화상 경영은 더 이상 발붙일 곳이 없다.

그러나 우리나라 기업들은 이제껏 국가가 철저하게 보호해준 협소한 국내시장에서 모두들 잡화상식 경영을 해왔다. 세계적인 경쟁력을 갖춘 외국 기업들의 국내 진출은 국가가 막아주었다. 그 울타리에 기댄 국내 기업은 모두들 소위 성장산업이라고 생각되는 분야에 너도나도 뛰어들어 도토리 키재기식의 투자를 앞다투어 벌여놓았다. 당연히, 세계적인 차원의 규모의 경제를 이룩할 수 없었을 뿐만 아니라 중복투자의 문제를 시작부터 안고 갈 수밖에 없었다. 이제야 구조조정이니, 빅딜이니 하면서 과잉투자를 해소하자고 떠들어대지만, 나라 경제는 이미 복잡해질 대로 복잡해진 후이다.

글로벌 시장은 또한 글로벌 경쟁을 불러온다. 글로벌 경쟁이란, 한 제품의 개발에 엄청난 투자가 필요한 상황에서 고객의 다양한 욕구와 기술의 빠른 진보로 인해 개발된 제품의 라이프사이클이 점점 짧아지면서 세계적인 경쟁이 일어나는 것을 가리키는 말이다. 상황이 이러한데 수십 개 산업분야와 수만 가지 제품 각각에 엄청난 비용을 쏟아붓는 한국 기업이 어떻게 세계적인 경쟁력을 확보하겠는가? 도대체 무슨 수로 100개, 120개 이상의 학과를 갖고 있는 우리나라 대학들이 이 모든 학과를 세계적인 수준으로 끌어올릴 수 있단 말인가. 소위 한국 최고 대학이란 서울대학교가 현재 세계에서 아니, 아시아권에서 차지하고 있는 위상을 돌이켜보면 그 답이 분명해진다. 지금의 글로벌 무한경쟁 상황에서 종합의 틀을 고수하여 잡화상식 경영을 계속한다면 몰락밖에는 얻을 게 없다.

더 나아가 세계적인 플라이급들이 존재하고 있다. 특정 분야에서 강력한 브랜드, 최고의 기술력, 독창성과 기민성을 보유하고 있는 세계적인 플라이급들이 우리나라 헤비급 기업 또는 중견기업의 예하 사업단위들을 가볍게 제압하고 있다. 신발 분야는 나이키에 지고, 백화점에서는 월마트에 밀리고, 정수기 분야에서는 웅진코웨이한테 당하는 식이다.

그럴 수밖에 없다. 직접 경쟁은 그룹간, 기업간에 일어나기보다는 그 예하 사업단위별로 일어나기 때문이다. 사실 삼성전자가 LG전자나 소니 전체와 맞붙어 전면전을 벌이는 경우는 거의 없다. 물론 기업 전체 차원의 경쟁도 있긴 하지만 대부분의 직접적인 경쟁은 예하 사업부, 즉 전략사업단위(SBU: Strategic Business Unit)에서 일어난다.

예를 들어 정수기산업에서는 LG전자, 대우전자, 효성, 코오롱, 동양 등 막강 대기업이 참여하고 있으나 고전을 면치 못하고 있다. 웅진코웨이와 청호나이스가 시장의 70% 이상을 점유하면서 최고의 경쟁력을 발휘하고 있기 때문이다. 마찬가지로 가스기기산업 분야에서는 린나이, 보일러 분야에서는 귀뚜라미, 의료기기 분야인 CT촬영기에서는 메디슨이 최강자인 것이다. 종합을 찬미했던 많은 대기업들이 예하 사업단위별로 세계적인 혹은 국내의 플라이급 기업들에게 무력하게 참패하고 있다.

이제는 더 이상 머뭇거릴 여유가 없다. 우리 기업들도 경영의 패러다임을 바꾸어야 할 때이다. 선택과 집중이란 사고를 확립하고 집중된 분야에서 세계적인 역량을 갖춘 기업이 되기 위한 노력을 기울여야 한다. 그것만이 살길이다.

업(業)의 개념을 새로이 정립하라

현재 천만 원의 여윳돈을 가진 사람이 있다고 하자. 그는 최대한의 목돈을 불리기 위해 어떤 금융기관을 선택할까? 몇 년 전이었다면 아마 은행이나 투자신탁회사를 찾아갈 것이다. 하지만 지금은 다르다. 생명보험회사에 맡길 수도 있고, 높은 이율에 비과세 혜택까지 있는 우체국의 금융상품을 활용할 수도 있다. 혹은 주식투자를 할 수도 있다.

과거에는 은행은 은행끼리, 보험은 보험끼리, 투신사는 투신사끼리 따로 경쟁했다. 지금은 이러한 업종간의 장벽이 무너지면서 모든 금융기관간 상호경쟁이 가열되고 있다. 바야흐로 금융상품에 대한 고객의 본원적인 욕구인 재산 증식을 어느 제품이 더 잘 해결해주느냐가 경쟁력의 관건이 된 것이다.

무한경쟁의 세번째 의미는 산업의 한계 혹은 업종의 한계가 사라지는 경쟁 상황에 있다. 같은 업종 안에서 싸워 이겨야 할 상대가 확실히 눈에 들어오던 과거와는 달리 이제는 다른 업종간의 경쟁이 일반화되고 있다. 산업과 업종의 구획이 재편되고 있기 때문에 그 안에서 기업이 추구하고자 하는 업의 개념도 바뀌고 있다. 이러한 상황에서는 새롭게 업의 개념을 설정하고 이에 대응하는 기업만이 살아남는다.

무선호출기 사업의 경우 전에는 나름대로 독자적인 영역이 있어 무선호출기 업체끼리 경쟁했었다. 그러나 지금은 누구와 경쟁하는가? 바로 휴대폰 PCS가 경쟁 상대로 등장했다. 유통 매장의 경쟁 상대로 인터넷을 통한 전자상거래나 통신판매가 떠오르듯이 말이다. 뿐만 아니라 모든 산업에서 영역의 제한이 빠른 속도로 무너지고 있다.

따라서 우리 기업은 궁극적으로 추구하는 업이 무엇이고, 지금 그들이 하고 있는 업의 개념을 앞으로 어떻게 바꿔야 하는지 진지하게 고민하면서 업의 개념을 새롭고 명확하게 정립해야 한다. 그래야만 우리의 핵심역량은 무엇이고, 이러한 핵심역량을 어떻게 강화해야 하며, 어떤 기능, 부문을 아웃소싱(Outsourcing: 외부조달)할 것인지, 더 나아가 어떤 기업과 전략적 제휴를 맺어야 할지의 방향이 나올 수 있다.

시계를 만드는 회사는 어떤 업을 하는 회사일까. 제조업? 전자업? 정밀기계공업? 모두 다 관련은 있지만 무한경쟁시대의 정답은 아니다. 이 기업이 추구해야 할 업은 제조업도 정밀기계공업도 아닌 패션업이다. 제조기술의 상향 평준화와 더불어 시계를 소유하는 본래 목적이 확대되었기 때문이다. 시간이 정확하게 맞지 않는다고 시계를 바꾸는 사람이 요즈음도 있는가? 청계천 뒷골목에서 산 일만 원짜리 싸구려 시계나, 결혼 예물로 받은 고급 시계나 시간을 알려주는 기능은 제대로 한다. 이제 시계산업의 경쟁력은 독창적인 디자인, 패션 역량을 얼마나 빠르게 구축하는가에 달려 있다.

따라서 이 기업은 디자인 역량만을 핵심역량으로 구축하면서 부품생산, 조립 등은 자기보다 더 전문성을 갖고 있는 제조기업에게 아웃소싱하면 된다. 그리고 남는 인력과 자금을 그들의 핵심역량인 디자인, 패션 부문에 집중시킨다면 더 큰 부가가치를 창출할 수 있을 것이다. 그러면 고정비가 감소되어 유연해질 뿐만 아니라 디자인, 패션역량 강화를 통한 경쟁력 강화라는 그들의 목표도 달성할 수 있지 않겠는가.[1]

자동차산업은 어떤 업을 하는 것일까? 자동차산업은 크게 나누어 기계공업, 전자산업, 디자인 산업, 서비스산업, 그리고 금융산업 등 다섯 가지 산업이 융합된 복합 산업이다. 이처럼 거대한 관련산업의 결합으로 만들어지는 '자동차'라는 상품의 주요 경쟁력은 과연 어디에서 판가름나는가? 과거에는 강력한 마력, 튼튼한 엔진, 첨단 전자장비 같은, 즉 기계공업과 전자산업 등의 하드웨어 부문에서 자동차의 경쟁력이 결정되었다. 그러나 지금의 치열한 글로벌 경쟁상황에서는 자동차의 경쟁력은 기계공업, 전자산업 등과 같은 하드웨어 부문이 아니라 이것과 연결된 소프트웨어 부문인 디자인, 애프터서비스, 좋은 할부금융 서비스, 회사 이미지 등에서 나온다.

다른 산업 분야와 마찬가지로 자동차산업의 환경 변화에도 여러 이유가 있다. 고객의 욕구가 빠른 속도로 복잡화, 소프트화되고 있다. 또한 기술력의 빠른 진보와 보급으로 인해 이제 고객은 제품 자체—품질, 가격, 기능 등—만으로는 제품의 차별성을 파악하기 어렵게 되었다. 특히 그 제품이 성숙제품이고 나아가 치열한 경쟁을 하고 있을 경우에는 더욱 그렇다. 이제 제품의 차별성은 그 상품 자체의 기술력을 넘어 그와 연결된 소프트 부문—고객을 접하는 직원의 친절하고 따뜻한 서비스, 빠른 배달 서비스, 즉각적인 애프터서비스, 빠른 정보의 제공, 좋은 금융조건, 디자인, 바람직한 기업 이미지 등—들의 조합에 의해서 생겨나고 있다. 이에 대응하여 기업도 앞으로는 어디에 기업의 힘을 집중시켜야 할 것인지 올바르게 파악하고 있어야 한다.

어떤 강의에서 병원은 어떤 업을 하는 조직이냐고 질문을 했더니 한 눈치 빠른 사람이 "서비스업을 하는 곳입니다."라고 대답했다. 필자는 다시 물었다. 지금까지 어떤 병원에서든 과연 감동적인 서비스를 받아본 적이 있느냐고. 그는 이 질문에 제대로 답변을 하지 못하고 어물거렸다.

사람들은 병원에서 어떤 서비스를 받아보았을까? 의료 서비스? 대부분의 사람들은 병원에서 받는 의료 서비스에 만족한 적은 있어도 감동한 적은 거의 없다고 말한다. 왜 그럴까? 대부분의 병원장이나 의사들이 병원의 업은 서비스업이 아닌 의료업이나 의료서비스업이라고 생각하고 있기 때문이다.

의사들은 대체로 고객지향적 사고를 자기들의 전문지식과 권위에 대한 도전으로 간주해 불쾌감을 보인다. 따라서 의료 서비스의 제공을 자기들이 가진 전문적인 의료지식을 환자들에게 베푼다고 생각하지 말 그대로 서비스한다는 생각은 별로 하지 않는다. 서비스를 제공한다는 것 자체가 마치 환자에게 구걸하는 행위, 즉 자기들의 권위를 스스로 떨어뜨리는 일이라고 생각한다. 그 결과 대부분 병원의 의료 시스템 및 절차는 고객인 환자 중심이 아니라 의사나 간호사 중심으로 짜여져 있다.

그러나 대부분의 환자들은 자기가 구매하는 의료 서비스에 대한 정보를 알고 싶어한다. 병의 원인이 무엇인지, 어떤 치료법이 가능한지, 현재 받고 있는 치료는 전체 과정의 어떤 부분에 해당하는지, 치료의 부작용은 어떤 것이 있는지 등에 대해서 말이다. 그러나 의사들은 고객인 환자들에게 자세한 설명을 해주지 않는다. 우리나라의 의사들은 환자의 궁금증을 풀어주는 데 매우 인색하다. 환자의 질문에 대한 반응은 대개의 경우, 집에 가서 제조해준 약이나 착실히 먹다가 며칠 후에 다시 오라는 답변뿐이다.

이러한 구조 속에서는 고객에게 만족은 있어도 감동은 없다. 의술이 좋은 전문의가 많고 첨단장비가 제대로 갖추어져 있으면 그만큼 병을 고칠 확률이 높아지므로 고객에게 만족을 줄 수는 있을 것이다. 그러나 고객인 환자들은 이처럼 하드한 것만으로는 감동하지 않는다. 병원에서 병을 고친다는, 상품의 일차적인 기능만 충족되었기 때문이다. 고객들은 이와 연결된 다른 서비스 때문에 감동하게 된다. 즉 병의 원인과 치료법에 대한 의사들의 자상한 설명, 간호사의 친절함, 진료 대기 및 약 타는 시간의 간소화, 고객에 대한 예약확인 전화 서비스, 병원 정보에 대한 빠른 제공, 친절한 안내, 문의에 대한 즉각적인 반응, 신속하고 친절한 차량 서비스, 호텔 같은 병원 분위기, 병원비의 카드 결제, 건강 상담전화 24시간 개설, 질병에 관한 설명회 개최 등과 같은 병원의 본래 목적이 아닌, 어떻게 보면 부수적인 서비스들 때문에 고객은 감동하게 되고 이것이 모여서 병원 이미지와 경쟁력이 결정되는 것이다.

과거 의료업이나 의료 서비스업의 개념에서는 기업의 초점이 탁월한 의술, 명의, 첨단 의료장비 등에 관련된 것이었다. 그러나 지금 웬만한 종합병원들은 첨단 장비들과 우수한 전문의를 다 보유하고 있다. 이제는 어떤 특정 병원이 더 훌륭한 의사와 첨단 의료장비를 갖추고 보다 좋은 의료의 질을 제공해 더 많은 환자를 불러모으던 시절은 지났다. 병원 측에서야 서로 뭔가 차이가 있다고 주장하겠지만 고객이 느끼기에는 그렇지 않다는 뜻이다. 오히려 이러한 의료에 부수되는 여러 가지 서비스가 병원의 경쟁력을 결정하는 핵심요인이 되고 있는 것이다.

그렇다고 의술개발 및 의료장비, 의술 등을 경시하는 것은 아니다. 이 분야에 대한 집중적인 투자는 기본적으로 당연히 해야 한다. 서울대 병원의 경우가 좋은 예가 될 것이다. 이 병원의 의료 수준이 국내 최고라는 데 이의를 달 사람은 별로 없다. 그러나 서비스 측면에서는 최하위권이라는 것이 정설에 가깝다. 신임 박용현 원장조차 "서울대 병원, 아직 멀었습니다. 현재대로라면 서울대 병원의 미래는 없습니다."라고 얘기하면서 권위주의에서 벗어나 고객을 감동시킬 수 있는 병원으로 다시 태어나야 한다고 강조하고 있다.

무한경쟁 상황에서 치열한 경쟁이 예상되는 병원도 업의 개념을 새롭게 정립해야 한다. 의료업이나 의료 서비스업도 아닌 서비스업이라는 개념하에 고객 만족을 뛰어넘어 고객을 감동시킬 수 있을 때 고객의 가치를 극대화시켜 더 큰 성공을 거두는 초일류 병원으로 거듭날 수 있다.

현재 급변하는 경영 환경 추세에 비추어 앞으로 2~3년 사이에 모든 기업이 추구하는 업의 개념이 거의 다 바뀔 것이다. 업의 개념이 바뀌면 그 업계에 그 동안 존재했던 기존의 게임 룰이 바뀌게 되고 새로운 게임 규칙이 등장하게 된다. 중요한 사실은 업의 개념을 남들보다 먼저 재정립하여 사업구조조정, 아웃소싱 전략, 전략적 제휴, 핵심역량 강화 등의 경영 전략을 선도적으로 추진하는 기업만이 새로운 게임 규칙을 만들면서 그 산업의 리더로 부상하게 될 것이라는 점이다.

　이러한 사실은 앞으로는 모든 기업들이 낡은 업의 개념만으로는 더 이상 기업의 생존을 보장받지 못하게 되는 상황에 놓이게 되었음을 의미한다. 아무리 튼튼한 기업이라도 기존 제품이나 서비스에 기초한 업의 개념만 추구한다면 곧 성장의 한계에 부딪히게 될 것이다. 왜냐하면 기존의 업의 개념으로는 미래의 방향을 예측할 수 없기 때문이다.

3C 경영을 하라

대형 해운회사는 어떤 업을 하는 회사인가? 이러한 질문에 항구와 항구간에 해상운송 서비스를 제공하는 대기업이라고 말하면 이 기업은 분명 몇 년 안에 가라앉고 말 것이다. 물론 과거에는 이러한 해상운송업을 했었다. 그러나 해운회사를 둘러싸고 있는 환경이 급변함에 따라 초일류 해운회사들은 그들이 추구하는 업을 이제는 토털 로지스틱스(Total Logistics)업이라고 말하고 있다. 좀더 자세히 설명해 보자.

해운회사는 지금까지 항구에서 항구까지(Port to Port) 최상의 해상운송 서비스를 제공하면 최고의 경쟁력을 확보할 수 있었다. 그러나 글로벌 경쟁이 가속화되고 고객(화주)들의 욕구가 복합화되었다. 이제 고객들은 항구에서 항구까지의 서비스뿐만 아니라 고객의 안방에서 물건이 배달되는 친구 집까지의 서비스, 즉 룸 투 룸(Room to Room) 서비스를 원하고 있는 것이다. 더욱이 지금까지 경쟁력의 원천이 되었던 해상운송 서비스는 이미 정형화, 표준화되어서 이것만으로는 다른 해운회사와 차별화가 되지 않는다. 대형 해운회사라면 으레 오천 개 내지 육천 개의 컨테이너를 실을 수 있는 초대형 컨테이너선을 보유하고 있기 때문이다.

새로운 경쟁 환경에서 살아남기 위한 전략은 무엇인가. 이제는 항구-항구 간의 해상운송 서비스를 기본으로 그와 연결된 복합적인 서비스를 제공해야 한다. 즉 하역, 창고, 택배, 터미널, 트러킹 사업, 정보통신 등과 같은 소프트 복합 서비스를 통해 차별화를 시켜야 한다.

대형 해운회사들이 새로이 추구하고 있는 토털 로지스틱스라는 업의 개념과 이러한 업을 추구하는 기업들은 과연 어떠한 전략적 행동을 할 수 있는지 살펴보자.

첫째로 토털 로지스틱스업의 개념을 가진 기업은 우선적으로 국내 육상운송사업 즉 하역, 택배, 창고, 터미널사업, 물류사업, 트러킹 사업 등에 참여해야 할 것이다. 이렇게 말하면 앞에서 강조한 선택과 집중의 원칙에 상치된다는 생각이 들 수도 있다. 제한된 자금과 능력을 분산시켜 이 사업, 저 사업에 다 참여하라는 뜻으로 말이다. 이러한 육상운송사업을 하려면 수많은 트럭이 필요하고 그만큼의 운전기사를 고용해야 하지 않는가? 또한 물류사업을 하려면 엄청난 규모의 물류기지, 물류창고를 여기 저기 세워야 하니 의아해하는 게 당연하다.

그러나 경쟁에서 살아남기 위해 부가적인 서비스를 제공한다 해서 결코 이 모든 것을 한 기업이 죄다 처리할 필요는 없다. 오히려 나 홀로 경영, 자급자족 경영을 탈피하여 적과의 동침 경영, 파트너와 통합된 경영을 하라는 것이다. 육상운송 및 그와 관련된 여러 가지 기능은 그 분야에서 최고의 서비스를 제공할 수 있는 전문 회사를 파트너로 선택하여 전략적 제휴를 맺으면 별도의 투자 없이도 경영 목표를 달성할 수 있을 것이다. 미래 지향적인 업의 개념을 미리 정확히 설정하고 있는 기업만이 타 경쟁 기업보다 먼저 좋은 제휴 파트너를 선점할 수 있고, 이것이 경쟁력의 원천이 된다.

두번째로 이 기업이 해야 할 전략적인 행동은 국내 육상운송사업뿐만 아니라 해외 육상운송사업 쪽으로도 관심을 기울여 치밀한 네트워크를 만들어야 한다. 물류, 하역, 터미널, 택배, 트러킹과 철도사업 그리고 이러한 모든 사업들은 실시간에 연결시킬 수 있는 정보통신사업에 참여해야 한다.

방법은 여러 가지가 있다. 전략적 제휴뿐만 아니라 아웃소싱 전략을 효율적으로 활용함으로써 기업의 핵심역량을 더욱 강화시켜야 한다. 예를 들어 정보통신사업은 토털 로지스틱스업을 추구하는 데 있어서 매우 중요한 기능이지만 기업의 경쟁력을 좌우하는 핵심역량은 아니다. 따라서 정보시스템 분야에서 세계 최고의 경쟁력을 가진 기업에게 아웃소싱하면 엄청난 고정비, 투자비가 절감될 뿐만 아니라 이 분야의 기술혁신을 빠른 속도로 커버할 수 있다.

마찬가지로 외국의 선도 은행들 대부분은 정보시스템 부문을 IBM이나 EDS 같은 정보시스템 전문기업에게 아웃소싱하고 있다. 엄청난 투자를 통해 정보시스템 부문을 소유하는 것 자체만으로 경쟁우위를 확보할 수 있는 시절은 이미 지났기 때문이다. 오히려 아웃소싱을 통해 더 저렴한 가격으로 급속히 변하는 정보시스템 기술을 더 빨리 전수받는 것이 경쟁력의 원천이 되었다.

우리나라에서도 대한항공, 동국제강, 충남방적 등이 정보시스템 분야를 IBM에게 일괄 아웃소싱하고 있다. 정보시스템의 중요성은 아무리 강조해도 지나치지 않지만 그 분야가 항공, 섬유, 철강사업 에서 핵심기능, 핵심역량이 아니다. 더 나아가 아웃소싱을 통해 그 들의 제한된 역량, 자금, 인력을 핵심분야, 핵심역량에 집중시킬 수 있기 때문이다.

마지막으로 토털 로지스틱스업의 개념을 가진 기업은 군살빼기 경영을 강화시킬 것이다. 군살빼기 경영이란 작게는 프로세스 등 의 혁신을 추구하는 리엔지니어링에서부터 전망 없는 사업분야를 처분하는 구조조정(리스트럭처링) 등을 과감히 전개하는 경영을 의미한다. 그 동안 해운업을 하면서 보유했던 전망이 없거나 경쟁 력이 약한 분야—벌크선 사업, 유람선 사업 등—를 팔아치우고 주력인 컨테이너 사업의 경쟁력을 확보하면서 새로운 업의 개념에 합당한 사업을 추진하기 위해 전략적 제휴나 아웃소싱을 실시한다면 기업의 핵심역량을 더욱 강화할 수 있을 것이다. 이를 통해 타 기업이 쉽사리 흉내낼 수 없는 차별화된 그 무엇을 지속적으로 제공할 수 있지 않겠는가.

역사상 그 어느 시기보다 적과 동지의 구분이 모호해진 시대, 오늘의 치열한 글로벌 경쟁에서 살아 남기 위해 기업들은 경쟁사 혹은 파트너들과 전략적 제휴나 아웃소싱 하기를 망설여서는 안 된다. 이에 기반한 네트워크 형성으로 상호 경쟁력을 제고시키는 공생전략을 통해 자신의 핵심역량을 더욱 강화시킬 수 있어야 한다. 이제 기업들은 3C 경영을 해야 한다.

3C란 Concept, Connection, Competence를 일컫는다. 우선 Concept란 기업이 추구해야 할 업의 개념을 정확히 잡아, 산업 변화에 대응할 수 있는 틀을 확고히 해야 한다는 뜻이다. Connection이란 전략적 제휴, 아웃소싱 등을 통한 개방형 경영, 네트워크 경영, 공유 경영을 의미한다. 그리고 Competence란 앞의 2C를 통해 이들의 역량을 강화시키는 핵심역량 경영을 해야 한다는 뜻이다. 이러한 3C 경영을 하지 못하는 기업은 이제 더 이상 생존, 발전할 수 없다.

경쟁규칙을 선도하라

　업종의 한계가 사라지고 있다. 그로 인해 과거에 존재했던 경쟁 룰이 새롭게 정의된 업의 개념하에서는 더 이상 통용되지 않는다. 새 술은 새 부대에 담으라는 말처럼, 새로운 업의 개념하에서는 새로운 경쟁규칙이 나와야 한다. 새로운 경쟁규칙을 먼저 만들어낸 기업이 새롭게 재편된 산업에서 선도주자로 부상할 수 있게 될 것이다.

　전자상거래를 통해 아마존이란 인터넷 서점업을 처음 시작한 사람은 서른네 살의 제프 베조스 사장이다. 그는 일정한 전시공간과 판매장소가 필요한 서점업의 기존 관념을 깨고 새로운 게임 룰을 만들어 창업 4년 만에 아마존을 외형 63억 달러나 되는 큰 기업으로 만들었다. 인터넷 상거래의 슈퍼스타로 떠오른 제프 베조스 사장은 그야말로 무에서 유를 창조한 인물이다. 현재 아마존의 직원은 모두 1천6백 명이고, 인터넷을 통한 책과 음반 판매에서 압도적

시장점유율을 자랑한다. 베조스 사장은 고객들이 경험해보지 못한 새로운 서비스를 제공하는 한 그들의 성공은 지속될 것이라고 말했다.

아마존은 고객인 독자들로 하여금 가장 많은 책 중에서 선택할 수 있고, 좋은 책의 정보를 사전에 제공받을 수 있을 뿐만 아니라 가장 낮은 가격에 손쉽게 살 수 있도록 최선을 다하고 있다. 좋은 책을 고르는 데 필요한 모든 정보를 제공하기 위해 아마존의 책 소개 사이트에는 과거에서부터 최근까지의 모든 서평과 관련 자료들이 게시된다. 즉 제프 베조스는 이제껏 서점업에서 통용되는 기존의 게임 규칙을 부수고 업의 개념을 다시 정의하여 새로운 경쟁규칙을 창안함으로써 그 분야의 선두주자로 나선 것이다.

시애틀에 본부를 둔 이 회사는 고객들에게 선택과 구매의 편리성을 제공해줄 수 있는 그들의 핵심역량을 이용하여 올 연말부터 책과 음반 판매라는 기존 분야에서 더 나아가 선물세트, 가전제품, 전자 게임기, 완구 및 비디오테이프와 디지털비디오디스크(DVD) 등 다양한 품목으로 사업영역을 확대하고 있다.

그러면 식품산업에서는 경쟁 룰이 어떻게 바뀌고 있는지 살펴보자.

식품 제조기업들은 지금까지 주로 대리점 체제를 이용해왔다. 즉 공장에서 대리점에게 물건을 공급하면 대리점 주인들은 대리점

옆에 자사 창고를 확보해놓고 자기 차로 물건을 동네 슈퍼마켓이나 구멍가게에 배달해주곤 했다. 그리고 열흘 이내에 기업에게 대금을 결제하는 것이 통례였다. 이처럼 기업 매출의 80~90% 이상이 대리점을 통해 일어나고, 열흘 내 결제라는 것이 기존 게임 룰이었다. 그러나 1996년부터 국내에도 대형 할인매장이 우후죽순처럼 들어서면서 이러한 게임 규칙이 급격히 변하고 있다.

[그림 1] 식품산업의 게임규칙 변화

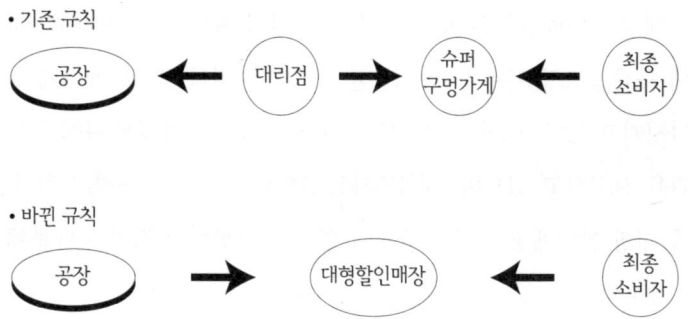

• 기존 규칙

공장 ← 대리점 → 슈퍼 구멍가게 ← 최종 소비자

• 바뀐 규칙

공장 → 대형할인매장 ← 최종 소비자

우선 여러 군데에 매장을 갖고 있는 대형 할인매장은 구매물량이 엄청나기 때문에 각 식품 제조기업에 대해 상당한 가격협상력을 갖고 있다. 과거에는 개별 대리점 주인들이 사업 파트너로서 제조업체에 협상력을 발휘했지만 대형 할인매장의 등장과 함께 이러한 판도에 변화가 생겼다.

대형 할인매장이 엄청난 구매력을 통해 월등히 높은 협상력, 교섭력을 갖게 되면서 식품 제조기업에 대해 20~30% 이상의 가격할인을 요구하는 것이 통례가 된 것이다. 물론 식품 제조기업은 이러한 요구를 거절할 수 있다. 그러나 타 경쟁기업이 대형 할인매장의 요구에 응할 경우 그 매장에 경쟁기업 제품만 놓이게 되므로 할인 요구를 거절한 기업은 자사의 매출신장에 엄청난 타격을 받게된다. 이 때문에 눈물을 머금고 가격할인을 수락하지만 대형 할인매장의 요구는 여기서 그치지 않는다.

대형 할인매장들은 물류비용을 절감하기 위해 자체 차량이나 자체 물류창고의 이용을 가능한 한 줄이면서 이를 제조업체에게 전가시키고 있다. 또한 인건비를 줄이기 위해 제조업체에 판매원 파견을 요구하고 있으며, 대금결제도 3개월 이상을 요구하고 있다. 즉 대형 할인매장의 구매 규모가 엄청나 교섭력이 강하기 때문에 이에 따라가지 않을 수 없는 상황이 연출되고 있는 것이다.

유통 단계에서 대형 할인매장의 역할이 부상되자 그에 따른 새로운 광경이 벌어지고 있다. 예전에 물건을 대리점에서 구입했던 동네 슈퍼나 구멍가게들도 이제는 대리점에 의존하는 대신 할인매장에서 구입하는 기현상이 나타나게 되었다. 또한 최종 소비자들도 당연하다는 듯이 대형 할인매장을 이용하게 되었다. 기존 게임 룰이었던 대리점 체제가 무너지고 있는 것이다. 따라서 대리점 체제가 무너지지 않게 하려면 대리점에 공급하는 가격을 20% 이상 낮춰야 하는 등 제조기업이 떠안는 부담만 엄청나게 늘어났다. 유통업체와 제조기업간의 새로운 게임 규칙이 등장하게 된 것이다.

식품 제조기업이 이러한 새로운 게임 규칙하에 살아 남기 위해서는 무엇을 해야 할까. 그들은 이제 새로운 전략하에 엄청난 개혁을 추진해야 하는 상황에 직면하게 되었다. 가격할인에 응하기 위해서 사업구조조정, 물류혁신, 공정혁신, 구색용 제품의 제거, 인력감축, 아웃소싱, 전략적 제휴, 통신판매, 인터넷 판매 강화 등의 자구노력 및 과거에 존재했던 비능률적 요소들을 제거해야만 한다.

바야흐로 새로운 경쟁 룰이 모든 산업에 곧 등장하게 될 것이다. 낡은 업의 개념을 가지고 과거의 게임 룰에 연연하는 기업은 새로운 도전자에게 안방을 내줄 수밖에 없는 상황이 연출되고 있다. 변화의 조짐을 미리 파악하여 업의 개념을 재정립하고 이에 맞는 경쟁규칙을 미리 설정하여 도전하는 자만이 미래를 장악하게 될 것이다.

스스로 판단해보라

    한국 기업의 경영자와 관리자들은 얼마나 미래 지향적인 관점을 갖고 있는가. 이 문제는 무한경쟁에서 살아남기 위해서 반드시 점검하고 넘어가야 할 사안이다. 아래 10개 항목의 질문을 읽어보면서 여러분의 회사는 지금 어떤 수준인지 파악해보기 바란다. 5점을 척도로 매우 그렇다 5점, 그렇다 4점, 보통이다 3점, 별로 그렇지 않다 2점, 아주 그렇지 않다 1점의 순으로 생각하면 된다. 10개 항목에 대한 평균점수가 과연 몇 점이나 되는지 계산해본 후 만약 평균점수가 3점 이하라면 상당히 문제가 많은 기업이라고 말할 수 있다.[2]

〈체크리스트〉

● 우리가 속해 있는 산업이 앞으로 어떻게 변화될 것인가에 대한 명확한 관점이 과연 있는가?

매우 그렇다	그렇다	보통이다	별로 그렇지 않다	아주 그렇지 않다
5	4	3	2	1

● 우리는 경쟁사의 경영자(관리자)보다 미래를 더 멀리 바라보고 있다고 생각하는가?

매우 그렇다	그렇다	보통이다	별로 그렇지 않다	아주 그렇지 않다
5	4	3	2	1

● 미래를 실현하기 위한 사항들이 과연 우리 연차계획에 명확히 반영되어 있는가?

매우 그렇다	그렇다	보통이다	별로 그렇지 않다	아주 그렇지 않다
5	4	3	2	1

● 미래를 바라보는 시각이 경쟁사의 그것과 과연 차별적인가?

매우 그렇다	그렇다	보통이다	별로 그렇지 않다	아주 그렇지 않다
5	4	3	2	1

● 우리는 기존 산업에서 통용되는 경쟁규칙에 순응하지 않고 새로운 경쟁 룰을 만들려고 노력하는 자인가?

매우 그렇다	그렇다	보통이다	별로 그렇지 않다	아주 그렇지 않다
5	4	3	2	1

● 우리는 기존 산업의 현 상태를 보존하는 데 연연하지 않고 그것에 도전하고 있는가?

매우 그렇다	그렇다	보통이다	별로 그렇지 않다	아주 그렇지 않다
5	4	3	2	1

● 우리는 경쟁규칙을 따르지 않고, 무언가 새로운 것을 창출하려는 경쟁사들에 대해 민감하게 대처하고 있는가?

매우 그렇다	그렇다	보통이다	별로 그렇지 않다	아주 그렇지 않다
5	4	3	2	1

● 우리는 원가절감, 생산성 향상, 조직 개선 등 기업 효율을 높이기 위해 투하하는 만큼의 노력을 새로운 핵심역량 개발에 쏟고 있는가?

매우 그렇다	그렇다	보통이다	별로 그렇지 않다	아주 그렇지 않다
5	4	3	2	1

● 우리는 현재의 사업을 유지하는 데 만족하지 않고 내일의 사업을 설계하고 있는가?

매우 그렇다	그렇다	보통이다	별로 그렇지 않다	아주 그렇지 않다
5	4	3	2	1

● 우리 종업원들은 불안해하지 않고 희망에 가득 차 있는가?

매우 그렇다	그렇다	보통이다	별로 그렇지 않다	아주 그렇지 않다
5	4	3	2	1

변화는 누가 창출하는가?

무한경쟁이란 다양화되고 다원화된 사회 각 분야에서 1등이나 2등 기업만 살아남는 경쟁 상황이다. 따라서 3등은 꼴찌나 마찬가지이다. 과거에 초일류 기업이었다고 예외일 수는 없다.

1990년대 초반 세계 초일류 기업 중의 초일류 기업이라고 할 수 있는 IBM이 몰락 직전까지 몰린 적이 있었다. 당시 IBM의 몰락을 다룬 책은 세계적 베스트셀러가 되었고, 많은 경영 전문가들이 IBM은 회생하지 못할 것이라고 장담했다.

IBM은 1914년 창업한 이래 70년 이상 승승장구했던 기업이다. 세계 최고의 기술력, 최고의 인재 그리고 막강한 자금력을 보유하고 있었던, 그 누구도 부인할 수 없었던 초일류 기업이었다. 이런 기업이 왜 몰락 직전까지 몰렸을까? 여러 가지 면에서 변화에 적응하지 못했기 때문이라고 지적하는 사람이 많다. 그러나 필자의 견해는 다르다. 한 기업이나 개인이 세상의 변화에 적응하지 못하는 경우가 얼마나 될까. 그러한 경우는 별로 없다. IBM 역시 변화에 적응하지 못해서가 아니라 대응이 늦었기 때문에 위기를 맞이한 것이다.

루 거스너 회장은 변화에 적응하는 속도가 늦어져 몰락 직전까지 내몰렸던 IBM을 회생시킨 사람이다. 그는 IBM이 빈사상태에 빠져 있었던 1993년에 최고경영자로 영입되었다. 세계적인 컨설팅 업체인 맥킨지에서 잔뼈가 굵은 그는 취임과 함께 평생직장의 전통을 깨고 4만여 명을 감원하는 등 4년간 전체 종업원의 절반을 줄였다. 통신기기와 복사기 사업부문을 과감히 포기하고 본업인 시스템 사업에 충실했다. 흔히 하는 말로, 뼈를 깎는 구조조정을 통하여 핵심역량을 강화하는 경영 전략을 폈던 것이다.

IBM은 1994년 다시 흑자 기업으로 돌아섰다. 취임 직후 한때 22달러까지 떨어졌던 IBM의 주가는 현재 200달러에 육박하고 있다. 루 거스너 회장은 이제는 단순히 변화에 재빨리 적응하는 것만으로는 초일류 기업이 될 수 없다고 한다. 오히려 변화를 선도하고, 창출할 수 있어야 초일류 기업이라고 말한다.

필자는 여기서 두 가지 중요한 이슈를 제기하고자 한다.

첫째, 변화는 누가 창출하는가?

둘째, 어느 정도의 변화를 창출해야 과연 초일류인가?

우리는 기업의 '기'자를 한문으로 '企'라고 쓴다. 사람 人과 머물지(止)가 합쳐져 企자가 된 것이다. 즉 기업이란 인재가 모인 곳이라는 뜻이다. 얼른 생각하기엔 공장 굴뚝이 떠오르고 기계와 생산 설비가 모여 있는 곳이 기업 같지만 진정한 뜻은 '인재의 모임'에서 찾아야 한다. 특히 전구성원의 창의적 아이디어나 새로운 발상이 기업의 경쟁력을 결정하는 지금의 지식사회에서 기업은 인재가 모인 곳이어야 한다. 따라서 인재란 변화를 창출하는 사람이라고 정의할 수 있을 것이다. 그러나 인재에도 차별성이 있다. 필자는 그것을 네 종류로 나누어보았다. 나는 과연 몇번째 인재인지 스스로 생각해보기 바란다.

첫번째는 人材이다. 즉 좋은 학벌과 훌륭한 경력을 겸비한 사람이다. 이런 인재가 과연 변화를 창출할까? 반드시 그렇지만은 않다. 사람에 따라 과거의 경력이 새로운 변화를 거부하게 만드는 경우가 굉장히 많기 때문이다.

최근 한 대기업의 회장과 만났던 자리에서 '人材'형 인재에 관한 이야기를 나눈 적이 있다. 이 기업은 한때 높은 성장률을 기록했고 재계에서 선도적인 위치에 있었으나, 지금은 후발 기업들에게 밀리고 있는 상황에 처한 기업이다.

그 분은 기업의 핵심인 중역들이 도대체 변화를 싫어하여 현실에 안주해왔기 때문에 경쟁력이 떨어지고 기업의 성장이 정체되고 있다고 했다. 중역들이 다들 학벌도 좋고 훌륭한 분들인데 변화에 대한 감각은커녕 위기 의식이나 도전 의식도 별로 없다는 것이다. 이들이 변화와 혁신을 추구하는 데 앞장서야 하는데 변화에 대해 마음의 문을 닫아버리고 있어 이것이 가장 큰 문제라고 했다. 좋은 학벌과 경력을 가진 사람이 반드시 변화를 창출할 것이라고 장담하기 어려운 이유가 바로 여기에 있다.

두번째는 人在이다.

글자가 의미하는 그대로 그냥 있는 사람들이다. 화산에 비유하면 휴화산, 즉 미지근한 사람들이다. 편한 맛에 월급쟁이 한다, 지금도 월급과 보너스가 그런대로 잘 나오는데 왜 골치 아픈 일을 자진해서 하느냐, 정년이 3년 남았는데 왜 안 해본 사업을 하자고 그러느냐, 아들 딸 장가 시집갈 때까지만 버티면 되는데…. 이렇게 생각하는 무사안일주의형 인재를 가리킨다.

GE의 웰치 회장은 이러한 人在들의 사고방식을 다음과 같이 표현하고 있다.

"이제는 일에도 어느 정도 익숙해져서 성과도 나름대로 보장받고 있다. 그 동안의 노력에 대해서도 상당히 좋은 평가를 받고 있다. 그런데 이제 와서 새삼스럽게 무엇을 바꾸려고 하는가? 체제가 새롭게 변하게 되면 지금까지 노력한 결과는 물론이고, 기득권도 없어지며 또 처음부터 다시 해야 하지 않겠는가?"

웰치 회장은 人在들의 심리상태를 정확하게 파악하고는 "처음부터 다시 시작한다"는 말로 취임 일성을 놓으며 대개혁을 단행했다. 어느 기업에서든 미지근한 가슴을 가지고 하루하루를 그냥 때우며 지내는 人在는 변화를 창출할 수 없다.

세번째는 人災이다.

이 사람들은 항상 도전하며 무엇인가 새로운 것을 찾으려는 사람의 바짓가랑이를 뒤에서 잡아당기는 무리이다. 즉 누군가 새로운 것을 하자고 제의하면 안 되는 이유 20가지를 확실히 알고 있는 사람들이다. 화산에 비유하면 사화산이다.

어떤 조직이든 새로운 일에 한 번도 도전해보지 않았으면서 누가 참신하고 새로운 제안을 하면 그 싹을 꺾어버리는 사람들이 있다. 새로운 일에 도전은커녕 지금까지 단 한번도 독창적인 발상을 해보지 않은 사람들이다. 그러다가 남들이 새로운 아이디어를 내면 온갖 이유를 들어 반대를 한다. 애매한 것은 피하자, 이론과 실제는 다르다, 안 해본 걸 왜 하려고 해 … 등이다. 끝에 가서는 이렇게 얘기하는 사람들이기도 하다. 네가 책임질 거야? 그래 너 잘났다! 우리 사장이 그걸 허락할 것 같아? 너 왜 힘들게 살려고 하니, 너 월급쟁이 맞어? 그건 안 되게 돼 있어!

새로운 도전에는 항상 실패 가능성이 따른다. 그러나 실패에 대해 오로지 부정적인 이론으로 무장하고 있는 사람에게 무슨 전망이 있겠는가? 이런 人災는 지금의 창조적 지식사회에 전혀 도움이 되지 않는 사람들로서 퇴출 대상 영순위이다.

네번째는 人財이다.

쉬운 말로 보물 같은 사람으로 보면 된다. 이들은 변화를 창출하는 사람들이며 화산에 비유하면 활화산이다. 그렇다면 人財의 조건은 무엇인가? 우선 人財는 가슴에 불이 붙은 사람이다. 가슴이 뜨거워야 머리가 돌아가고, 그래야 뭔가 새로운 발상과 아이디어가 쏟아져나오지 않겠는가.

그러나 가슴은 뜨거운데 머리가 텅 비어 있는 사람이 있다. 무식하지만 엄청난 열정과 소신을 가진 사람이다. 가끔 대형사고를 치거나 회사를 통째로 말아먹는 사람이 그들 중에 나온다. 무식한 사람이란 못 배우고 학력이 없는 사람이 아니다. 최근의 지식사회에서 무식한 사람이란 3년 전, 4년 전 하던 것을 지금 그대로 파먹고 있는 사람이다. 이제는 뜨거운 가슴만으론 부족하다. 두뇌에 새로운 정보와 지식이 지속적으로 입력되어야 한다는 뜻이다.

뜨거운 가슴과 새로운 지식의 지속적인 결합이 변화를 창출한다. 그리고 이러한 유형의 人財에게는 상급자의 역할도 크게 달라져야 한다. 예전처럼 권위주의적인 사고방식에 젖어 감시하고 통제하는 역할을 맡는 대신 이들의 가슴에 어떻게 불을 당길 수 있는지에 대해 창조적인 방법을 모색해야 한다.

최고의 학벌과 화려한 경력을 가진 사람일지라도 일에 대한 열정이 부족하고 가슴이 미지근하면 아무런 생각도 나지 않는 법이다. IMF 관리체제 이후 매출이 급락하고 실직자가 양산되어 기업마다 구성원들의 사기가 땅에 떨어져 있기 때문에 활력 있는 기업을 만들기 위한 사기진작이 중요한 과제로 등장하고 있다. 퇴출이나 명예퇴직을 당한 사람들의 처지도 안타깝지만 회사에 남아 있는 사람들의 문제도 매우 심각하다. 그들이 '나도 언젠가 저렇게 되겠지?'라고 생각하면서 불안해하고 눈치만 본다면 구조조정을 통한 초일류 기업의 전망은 몽상에 지나지 않는다.

우리는 모두 입만 열면 '기업은 인재'라고 부르짖는다. 하지만 맥빠지고 기가 꺾인 구성원들이 모인 기업은 도전적이고 창의적인 문화로 무장한 세계 기업들과의 경쟁에서 승리할 수 없다. 구성원들의 기를 살리고, 이들의 가슴을 뜨겁게 할 수 있는 하트 경영이 절실하다. 변화는 인재(人財)에 의해 창출된다는 점을 명심하자.

구성원들의 가슴을 뜨겁게 하라

그러면 어떻게 해야 구성원의 가슴을 뜨겁게 할 수 있는가? 필자는 다음의 6가지 방법을 제시하고자 한다.

명쾌한 비전을 제시할 수 있어야 한다

비전이란 회사가 5년 혹은 10년 후에 도달해야 할 미래 모습이다. 이러한 비전은 어떻게 제시되어야 하는가? 가능한 한 많은 구성원들이 비전설정 작업에 참여하고, 내외부 전문가들의 검증을 받아 전구성원들 사이에 공감대가 형성된 비전이어야 한다. 특히 몇몇 고위 간부들에 의해 결정되어 상의하달식으로 공표해서는 비전을 공유하는 데서 오는 차원 높은 공감대를 형성하기 어렵다는 점을 늘 염두에 두어야 한다.

많은 기업들이 IMF체제 이전에 수립한 비전들이 IMF 돌풍을 맞고 난 후 무용지물이 되었다고 한다. 이구동성으로 비전은 필요 없다고 말한다. 물론 IMF 관리체제라는 어떻게 보면 너무 갑작스런 상황변화에 따라 비전의 내용들이 맞아떨어지지 않을 수도 있다. 그러나 정작 중요한 문제는 우리나라 기업들이 비전 자체를 그동안 잘못 만들었다는 데 있다.

앞에서 언급한 바와 같이 거의 모든 기업들이 과거 고도성장기의 환상에서 벗어나지 못하고 외형성장, 외형확대 추구만을 위한 내용을 비전에 담았다. 이를테면 10년 내에 사업영역의 대폭 확대를 통한 매출 10배, 업계 순위 1위 등을 지향했다. 또한 핵심역량을 근거로 한 사업다각화를 추진하지 않고 약점 보완형, 외부 환경이 부여하는 기회 추구형 외형 성장을 지향하여, 소위 첨단 성장산업들로 보이는 모든 사업들을 미래 사업영역으로 잡는 잘못을 저질렀던 것이다. 따라서 비전과 사업도메인(영역)은 그럴듯하지만 실천과는 거리가 먼 전시용 비전이 되고 말았다. 즉 자신의 핵심역량과 관계 없는 미래 사업영역의 추진, 더 나아가서 선택과 포기, 집중이란 개념이 녹아 들지 않았던 비전이었으므로 IMF 돌풍을 맞지 않았어도 실패작이 되었을 것이다.

비전은 기업이 원하는 미래의 도전적인 모습이다. 그 기업이 가장 잘 할 수 있는 사업, 타 기업이 쉽사리 흉내낼 수 없는 자기만의 독자적인 영역이 녹아 든 미래의 모습인 것이다. 그러므로 비전의

구체적인 내용은 매출액보다 부가가치로, 규모보다는 차별성·독
창성·브랜드 인지도로, 비관련 다각화를 통한 외형 확대보다는
선택과 집중의 개념이 살아 있는 핵심능력 위주로 구성되어야 한
다. 이러한 차별화된 비전을 추구했을 때 세계적인 경쟁력을 확보
할 수 있고 계속기업(Going Concern)으로서 번영할 수 있다.

개인의 비전을 추구할 수 있는 조직 분위기를 만들어야 한다

미래 지향적인 멋진 비전을 만들어놓고 전구성원들이 이에 공감
한다 할지라도 이것만으로는 부족하다. 왜냐하면 원래 인간은 이
기적이고 개인적인 존재이기 때문이다.

회사 전체의 비전이 없다고 아우성쳐서 회사 비전을 만들고 공
표하면 처음 한동안은 회사 내에 활력이 넘친다. 모두들 신바람이
나서 '야, 우리 회사가 정말 비전이 있는 회사구나, 이런 멋진 직장
에서 열심히 일하고 이 안에서 내 꿈을 펼쳐보자.'라는 반응을 보인
다. 하지만 한 일년쯤 지나면 다른 소리들을 한다. 회사가 이 분야
에서 세계 최고가 된다 해도 그것이 월급쟁이인 나하고 무슨 상관
이냐는 소리들을 하는 것이다. 따라서 기업 비전을 만든 다음에는
조직원 개인의 비전을 설정하는 작업을 해야 한다. 즉 회사가 이러
한 비전에 도달하게 되면 혹은 그 과정에 구성원 각자의 위상은 어

떻게 달라지고, 그들에게 어떤 혜택이 돌아갈지를 명확히 보여주어야 한다. 이를테면 비전 달성시 업계 최고의 대우를 보장하겠다는 등이다.

결국 기업은 미래 지향적인 비전만을 설정하는 데서 그치지 말고 이에 도달하기 위한 구체적이고 실천적인 전략을 수립해야 한다. 전체 비전에 도달하기 위한 중장기 전략을 각 부서별로 수립하게 되면 부서별로 각 구성원들이 이러한 비전에 도달하기 위해 앞으로 어떤 역량과 능력을 축적해야 할 것인지가 명확해진다.

예를 들어 해외 사업부의 경우 중장기 차원에서 유럽시장 공략을 위해 프랑스 기업과 현지 합작법인 설립, 이를 통한 5년 내 프랑스 시장 점유율 10% 달성이라는 중기목표가 설정됐다고 가정해보자. 이에 도달하기 위한 여러 가지 구체적인 전략, 프랑스 시장 타당성 조사, 합작 파트너 선정, 또한 10% 시장 확보를 위한 마케팅 전략 등이 뒤따라 수립되어야 할 것이다. 그러자면 구성원에게 어떤 능력이 필요하고, 이러한 능력을 앞으로 어떻게 구축하느냐의 지원전략이 구체적으로 수립되어야만 목표를 예정에 맞추어 밀고 나갈 수 있을 것이다.

동시에 현지 문화에 적응할 수 있는 능력 개발 프로그램과 현지 특유의 경영체제에 동화될 수 있는 인재양성 프로그램도 수립해야 할 것이다. 이를 위해 회사 지원하에 프랑스 어학연수, 프랑스 대학원 경영학 석사과정에 매년 10명씩 파견 등을 실시하겠다는 것을 중기전략과 사업계획에 명시해야 한다. 그러면 구성원들은 비전에 도달하는 과정에서 자연스럽게 개인의 능력을 향상시키는 여러 가지 교육 기회와 석사학위 취득이라는 혜택을 받게 되는 것이다.

물론 대부분의 기업들은 비전의 유무와 상관없이 목표 달성에 따른 다양한 보상제도를 갖고 있다. 단지 몇 년에 한 번 정도 잠깐 해외여행이나 보내는 형식적이고 일회성 보상에 그치는 점이 문제인 것이다. 이제는 좀더 생산적인 방향으로 바뀌어야 한다. 회사 비전에 도달하는 과정에서 개인의 비전도 함께 추구될 수 있다면 기업과 개인은 마치 한몸 같은 긴밀한 결합을 이룰 것이다. 따라서 회사 비전 안에는 전 구성원들이 자기 역량을 강화시키는 방향으로 여러 가지 기회와 혜택을 받게 될 것이라는 개인 비전을 담고 있어야 한다. 그래야만 구성원들은 나의 발전이 곧 회사의 발전이란 생각을 갖고 뜨거운 가슴으로 일을 하게 될 것이다.

보다 많은 권한을 하위로 위양한다

가장 쉬워 보이나 실제로 가장 어려운 것이 바로 권한 위양이다. 그러나 반드시 해야 한다. 사람에게 권한이 없으면 가슴이 뜨거워지지 않는다. 권한도 없이 시킨 일만 하게 되면 타성에 젖어 당연히 무사안일주의로 흐르기 쉽다. 비록 말단 직원이라 하더라도 권한과 책임을 동시에 줘서 스스로 책임감을 갖고 자율적으로 일을 할 때 문제의식도 생기고 생기가 돈다. 그러나 우리 기업의 많은 경영자, 관리자들이 권한을 하위로 위양하지 않고 있다. 왜 그럴까?

이유는 구구하지만 크게 보면 독선과 불신이다. 부하 직원들은 경험과 능력이 부족하여 그들에게 전적으로 일을 맡길 수 없다, 내가 직접 하는 것이 훨씬 속편하다, 일을 맡겼다가 실수가 생기면 골치 아프다, 직급상의 위치 때문에 내가 직접 하는 것이 훨씬 더 빠르다, 이 일은 지금까지 내가 해왔던 일이다, 부하 직원을 믿을 수 없다…. 상대방에 대한 불신과 내가 아니면 안 된다는 자만이 많은 경영자와 관리자들로 하여금 부하 직원이 충분히 할 수 있는 일까지 참견하게 만드는 것이다.

일본 유통업계의 제왕 나카우치 이사오 다이에이 그룹 회장이 1999년 초에 물러나면서 40년 동안 혼자 모든 것을 결정해 온 톱다운 방식을 반성한 일화를 소개한다. 그는 고베 암시장에서 장사를 시작, 1957년 오사카 변두리에 가게 다이에이를 연 이래 40여년 동안 철저한 염가 전략으로 유통혁명을 일으켜 연간 매출액 5조 엔의 대그룹을 만든 인물이었다.

신화를 창출한 인물이다 보니 그룹 내에서 그의 카리스마는 절대적이었다. 그런 그가 "내가 직접 하지 않으면 한 걸음도 움직일 수 없는 회사가 돼버렸다"고 얘기하면서 최근의 유통혁명에서 다이에이 그룹이 뒤처지고 있는 근본적인 원인이 자신의 독선적 경영 때문이라고 인정했다. 원맨쇼 통솔방식이 더 이상 먹히지 않자 다이에이는 엄청난 적자를 안게 되었고 결국 퇴임하기에 이르렀다. 그는 퇴임사에서 권한을 하위로 많이 위양하여 전원 참가 경영을 실현해야 할 것이라고 강조했다.

권한이 없으면 구성원들의 가슴은 뜨거워지지 않는다. 더욱이 구성원 한 개인의 무사안일에서 끝나지도 않는다. 그 파장이 다른 곳으로 번진다. 권한 위양이란 사실 권한을 현장, 즉 고객접점으로 대폭 이양하는 것이다. 기업의 이미지와 경쟁력은 갈수록 고객접점의 구성원들이 고객에게 제공하는 다양한 서비스에 의해 결정되고 있기 때문이다. 가능한 한 현장이나 최일선에 보다 많은 권한을 주어야 하는 이유가 여기에 있다. 고객을 직접 접하는 최전방의 직원들에게 권한이 없다면 그들은 무기력해져 고객에게 최선을 다하지 않을 것은 자명한 일이다.

실패를 용인하고, 나아가 실패상을 줄 수 있는 조직 분위기를 창출하라

우리는 최근의 시대를 불확실성의 시대, 불투명한 시대라고 한다. 그러면 이러한 시대에는 어떻게 해야 불확실성이 해소되는가? 그냥 바라만 보고 있으면 해소되는가? 불확실성은 도전을 해야, 즉 실제로 행동에 옮겨야 해소되는 것이다.

그러나 지금의 불확실성 시대에 새로운 발상과 아이디어를 현실화시키는 과정은 이따금 실패도 낳는다. 하지만 실패를 두려워해서는 안 된다. 왜냐하면 불확실한 것에 대한 도전 없이 성공은 있을 수 없으며, 도전하고 실패한 만큼 성공할 가능성이 높아지기 때문이다. 모든 것이 격동하는 시대에 도전과 실패보다 더 중요한 것은 없다.

불확실성과 복잡성이 증대하고, 첨단기술이 개발되어 제품의 수명 주기가 짧아지고 있으며 새로운 경쟁자와 대체품이 속속 출현하는 지금 모든 분야에서 혁신과 창조가 일어나지 않고는 경쟁에서 살아남을 수가 없다. 혁신과 창조란 지금까지 해보지 못한 것에 대한 새로운 도전이다. 특히 우리는 남보다 훨씬 더 많은 도전을 해보아야 하고 이에 따른 실패를 두려워해서는 안 된다. 이를 위해 기업에서는 실패를 용인할 수 있는 분위기를 창출할 수 있어야 한다.

요즈음 일본 기업들은 한결같이 창조와 혁신을 부르짖고 있다. 그들은 이제 거의 모든 분야에서 세계 선두에 서 있다고 자부하고 있다. 선두에 섰다는 것은 남의 것을 모방하여 그것을 약간 뛰어넘는 제품이나 서비스를 만들던 시절은 끝났다는 뜻이다. 이제부터는 스스로 창의적 발상과 아이디어로 새로운 미래를 창출해야 한다. 그래야만 미래의 21세기를 자신들의 것으로 만들 수 있다고 믿기 때문이다.

그러나 선두에 선 기업은 항상 불확실한 미래를 스스로 개척해 나가야 하므로 후발 기업보다 실패의 가능성이 높은 법이다. 따라서 선두에 선 많은 선진국 기업들은 실패한 사람에게 오히려 승진 기회, 포상, 재기의 기회 등을 주면서 이를 통해 조직의 역동성을 불러일으키고 있다. 즉 이들은 어떤 새로운 일을 추진하기 위해 정보를 충분히 수집하고 일의 추진을 열의 있게 했음에도 불구하고 실패한 경우에는 적극적이며 공개적으로 포상함으로써 오히려 실패를 부추기고 있다.

많은 사람들이 성공을 꿈꾼다. 더구나 커다란 성공은 아흔 아홉 번의 작은 실수와 실패 후에 오는 것이다. 실패를 옹호하고, 재기의 기회를 주는 조직 문화가 정착되어야 많은 사람들이 지금과 같은 변화의 시대에 새로운 것에 도전하게 되고 이를 통해 경쟁사가 쉽사리 흉내낼 수 없는 새로운 것을 지속적으로 창출할 수 있다. 뜨거워진 조직만이 미래를 향해 도전하고 이를 통해 21세기를 주도할 것이기 때문이다.

지속적이고 엄청난 교육을 시켜야 한다

말 뜻 그대로 지속적이고 엄청난 교육이어야 한다. 물론 모든 기업들이 교육을 시키고 있다. 그러나 너무 형식적이고 간헐적이다. 전혀 하지 않는 것보다야 낫겠지만 그 정도로는 구성원들의 가슴을 뜨겁게 할 수 없다.

교육에는 여러 가지가 포함되며 방식도 다양하다. 직무와 관련된 교육 외에도 의식교육, 경력관리 프로그램 등을 풀가동시켜 새로운 환경에 맞는 교육을 시켜야 한다. 구성원들도 각자 알아서 자기 계발에 힘써야 한다. 그러나 우선적으로 기업에서 중장기적 관점하에 체계적인 교육프로그램을 가지고 지속적인 교육을 시킬 수 있어야 한다.

IBM, GE, 마쯔시다 전기, 싱가포르 항공 등 모든 세계적인 초일류 기업들의 가장 큰 특징 중의 하나는 바로 엄청난 교육예산에 있다. 이처럼 지속적이고 막대한 교육 투자가 없는 곳에서는 초일류 구성원들이 나오지도 않는다.

필자는 교육을 콩나물 키우기에 비유하곤 한다. 콩나물을 제대로 키우기 위해서는 어떻게 해야 하나. 물을 자주 끼얹어야 한다. 주는 족족 물은 다 빠져나가 버리는 것 같지만 콩나물은 쑥쑥 자라나지 않는가. 물이 빠져나가는 현상만 보고 헛고생이라 생각해 물을 자주 뿌리지 않으면 콩나물은 곧 시들해지고 마침내 말라죽게 된다.

우리나라의 많은 기업들 심지어 재벌 기업들조차도 교육을 투자가 아니라 비용으로 간주하는 경우가 너무 많다. 그래서 IMF 관리체제 이후 기업예산 중 가장 많이 삭감된 분야 중의 하나가 바로 교육예산이다. 교육이란 당장 눈에 띄는 성과물이 나오지 않기 때문에 어려울 때 가장 손쉽게 경비절감의 수단으로 이용하는 탓이다.

동료들이 퇴출되는 모습을 보면서 기업에 남아 있는 사람들마저 이젠 평생직장이란 없다는 생각에 근로의욕이 많이 상실되고 있다. 그나마 교육마저 시키지 않고 있으니 어떻게 구성원들에게 기(氣)가 넘치고 열정이 생기겠는가? 기업은 바로 인재가 모인 곳이고 인재는 지속적인 교육을 통해 만들어진다.

모든 경영자들이 교육의 필요성을 말로는 인정하고 있다. 그러나 실행에 옮길 때는 항상 맨 나중으로 미룬다. 하지만 내일을 바로 볼 줄 아는 기업이라면 당장 사정이 어렵다 하더라도 교육을 지속적으로 시켜야 한다. 그래야 이 어려움을 극복하고 난 후 기업을 더욱 발전시킬 수 있는 능력이 조직 내에 배양될 수 있다. 교육예산을 아끼는 것은 농사꾼이 종자 씨를 식량 삼아 먹어버리는 것과 다를 바 없다.

공정한 평가와 공정한 보상이 이루어져야 한다

우리 사회는 유난히 연공서열이 중시되고 학연, 지연, 혈연 등이 난마처럼 얽혀 있다. 정당한 실력도 배경이 받쳐주지 않으면 빛을 못 보는 예가 허다했다. 최근에 와서야 많은 기업들이 능력급제, 연봉제, 발탁인사제도 등을 도입하면서 올바른 평가의 필요성을 절감하고 있다. 그리고는 어떻게 일하는 사람에게 더 많은 급여와 더 빠른 승진이 보장되어야 하는가, 일상 업무만 잘하면 좋은 평가를 내려야 하는가 등 사원들의 업적 평가 기준에 대한 자문을 필자에게 구하고 있다.

매일매일 반복적인 일상 업무를 효율적으로 추진하는 사람에게 더 많은 급여와 더 빠른 승진이 보장된다면 이 기업은 미래를 위해 씨앗을 심는 일, 즉 창의적인 일, 도전적인 일, 혁신적인 일을 하지 못하게 되어 결국 쇠퇴할 것이다. 기업은 창의적이고 혁신적인 일들을 열심히 해야만 지속적인 성장, 발전이 가능하다. 그러나 대개의 구성원들은 이러한 일을 하기보다는 현재 자기에게 익숙한 일만 반복하려 한다. 공정한 업적평가 시스템 구축의 필요성은 바로 여기에 있다.

새로운 아이디어로 기존 업무를 개선, 개혁하거나 창의적인 일을 통해 높은 부가가치를 창출하는 사람에게 보다 많은 보상이 뒤

따라야 한다. 매일매일 하던 일만 열심히 해서 A⁺를 받는다면 누가
어렵고 실패할 가능성이 있는 일을 하려고 하겠는가. 기업은 올바
른 업적평가를 통해 구성원들로 하여금 일상적이고 반복적인 일에
서 벗어나 새롭고 창의적이며 미래 지향적인 일을 하도록 해야 한
다. 그래서 어제와 다른 새로운 일을 잘하는 자가 올바른 평가를
받고, 이를 통해 보다 많은 급여와 승진이 보장되어야 구성원들의
가슴이 뜨거워지는 것이다.

창피한 최고경영자 연봉 수준

우리나라 최고경영자의 연봉은 보통 신입사원의 7~8배 정도 수준이다. 그에 반해 미국 최고경영자의 경우 보통 신입사원 연봉의 200배를 받고 있으며 이에 더해 스톡옵션 등 많은 보상체계를 갖추고 있다. 또한 신입사원 연봉의 500배 혹은 1,000배 이상 즉 1백억, 2백억 원 이상의 연봉을 받는 최고경영자도 상당하다.

이런 현상이 나타나는 이유가 무엇인가? 외국 기업의 최고경영자가 우리나라의 최고경영자보다 더 많은 부가가치를 창출하고 그것이 회사의 수익으로 돌아오고 있기 때문에 그에 상응하는 보상을 받는 것이다. 최고경영자가 새로운 발상과 도전정신으로 회사 분위기를 일신하여 천억 원의 새로운 수익을 창출했다면 백억 원의 연봉을 주지 못할 이유가 없지 않은가.

세계적인 반도체산업 불황에도 불구하고 십여년째 순이익 기록을 경신해가고 있던 인텔이 위기에 빠진 적이 있었다. 이때 그 유명한 앤디 그로브가 신임 회장으로 발탁되었다. 그는 1987년 최고 경영자 취임과 함께 한국과 일본의 추격으로 경쟁력을 잃어버린 메모리 반도체 사업을 포기하고 비메모리 반도체 사업에 전력하여 386과 486 펜티엄 마이크로 프로세서를 잇달아 내놓았다. 앤디 그로브 회장의 이러한 탁월한 경영능력 때문에 인텔은 현재 세계 마이크로프로세서 시장의 80% 이상을 점유하고 있으며 마이크로소프트와 함께 컴퓨터 혁명을 이끌어가고 있다.

1984년 영화산업의 불황과 디즈니랜드의 수익감소로 쓰러지고 있던 디즈니사에 마이클 아이즈너가 신임 회장으로 선임됐다. 그는 십여년 만에 디즈니를 세계 최대의 미디어 기업으로 키워내는 발군의 경영능력을 발휘했다. 포드 사장을 그만둔 뒤 파산 직전의 크라이슬러에 들어가 기적의 신화를 만들어낸 리 아이아코카도 위기극복뿐만 아니라 기업의 가치를 획기적으로 제고시킨 인물이다. 이들에게 주는 수백억 원대의 연봉은 결코 아깝지 않다.

그러나 우리나라 기업의 월급쟁이 최고경영자, 즉 전문경영인들은 새로운 일, 리스크가 가득찬 신규투자 등 새로운 부가가치를 창출하는 일보다 주어진 일만 열심히 하고 있는 경우가 대부분이라 해도 과언이 아니다. 혹은 엄청난 부가가치를 창출해도 그에 따른 적절한 보상이 따르지 않으므로 더 큰 리스크를 감수하면서까지 실패할지 모르는 일에 달려들 필요성을 느끼지 못하는 경우도 있다. 그러니 그토록 현격한 연봉 체계의 차이도 어쩌면 당연한지도 모른다.

최고경영자의 가장 큰 역할은 기업의 방향을 설정하고 이에 맞는 전략을 수립하여 강력히 실천하는 것이다. 즉 기업이 장기적으로 살아남기 위한 포석과 결단이 주임무인 것이다. 특히 위기에 봉착했을 때 개혁의 필요성에 대한 공감대를 형성하여 변화의 방향을 제시해야 할 뿐만 아니라 개혁을 위해 기존 제도, 관행, 가치관 등을 파괴하는 것이 중요하다. 이 과정에서 버려야 할 것과 살려야 할 것을 명확히 하고 개혁의 장애물들을 과감히 제거하는 강력한 리더십이 필요하다. 기업을 위기에 빠뜨리는 것도, 그 기업을 위기에서 구해내는 것도 결국 최고경영자의 몫이다.

우리나라에도 수많은 최고경영자가 있으나 강력한 리더십과 결단력을 지닌 진정한 전문경영인다운 최고경영자는 많지 않은 것 같다. 산적한 과제들은 최고경영자들의 과감한 결단을 요구하고 있으나 리더십이 이를 충족시키지 못하고 있는 실정이다. 왜냐하면 이들이 비전을 갖고 전략을 구상하여 결단을 내리는 보다 크고 중요한 일을 해야 하는데도 대부분 부가가치가 낮은 일상적인 일에 매달리는 경우가 많기 때문이다.

전문경영자인 최고경영자들이 제 역할을 다하지 못하는 데는 개인의 자질 탓도 있지만 리더십 발휘를 어렵게 만드는 풍토에 더 큰 원인이 있다. 대그룹 계열사에서는 로열 패밀리(오너의 친인척)가 최고경영자를 맡은 경우를 제외하면 일반적으로 전문경영인 출신 최고경영자의 임기가 1~3년에 그치는 경우가 많다. 짧은 기간에 오너(소유 경영자)의 인정을 받아야만 살아남을 수 있기 때문에 장기적인 경영전략보다는 생색을 내기 쉬운 단기 전략에 치중하고, 외부의 평이나 포상 등에 지나치게 신경 쓰는 경우가 많다. 재임 기간이 짧고 권한도 별로 없는데 어떻게 중장기적 차원에서 대범한 태도로 업무를 추진할 수 있겠는가. 이러니 새로운 부가가치를 창출할 수가 없는 것이다.

반면, 외국의 경우 최근 들어 사업환경이 급박하게 변화하면서 최고경영자의 몸값은 더욱 비싸지고 있다. 수천만 내지 수억 달러의 투자를 요하는 사업, 예컨대 어떤 기업을 인수합병하거나 다른 기업과 전략적 제휴를 하는 과정에서 올바른 판단을 내릴 수 있는 가능성이 단 1%라도 높은 최고경영자를 영입하는 데 수백만 달러를 쏟아붓는 것을 전혀 아까워하지 않는다.

능력이 출중한 경영자를 끌어들이기 위해서는 그에 상응하는 대우가 필수적이다. 경영자 시장에서도 경제의 수요공급 법칙이 그대로 적용되는 것이다. 사업환경이 급변하고 컴퓨터 소프트웨어와 오락, 광고산업 등과 같은 첨단 지식산업이 발전하면서 더욱 크게 부각되는 것은 자본력이 아니라 오히려 인적 자원이다.

스티븐 스필버그와 몇몇 동업자들이 설립한 영화 제작업체인 드림웍스 사가 좋은 예이다. 드림웍스는 자본 출자를 시작하기 이전부터 이미 설립자의 명성만으로 25억 달러 가치를 지닌 기업체로 간주되었다. 누가 기업을 경영하는지가 그만큼 중요하다.

IBM은 1993년 당시 루 거스너를 회장으로 영입하기 위해 계약금으로 500만 달러, 50만 달러 규모의 스톡옵션, 3년간 850만 달러의 봉급 지급을 약속했다. 당시로서는 파격적인 대우였다. 그러나 IBM 내에 별다른 불만의 소리는 들리지 않았다. 투자한 만큼의 소득을 얻을 수 있으리라는 기대감이 작용했기 때문이었다.

루 거스너 회장은 이 같은 기대를 저버리지 않았다. 그는 취임 직후 적자에 허덕이던 IBM을 다시 든든한 기반 위에 올려놓았다. 지난해에도 60억 달러 이상 순수익을 기록했다. IBM은 수천만 달러의 돈을 투자해 수십억 달러의 이익을 남긴 셈이다.

외국에는 간혹 오너보다 더 많은 보수를 받고 있는 최고경영자도 있다. 음반업체인 EMI의 최고경영자 피피일드는 약 800만 파운드(110억 원) 정도의 보수를 받고 있다. 하지만 오너인 사우스게이트 회장은 그 보수의 10분의 1에도 미치지 못하는 봉급을 받고 있다. 그럼에도 사우스게이트 회장은 피피일드가 자신보다 많은 보수를 받는 것을 당연시했다. 받는 만큼 능력을 발휘하고 있기 때문이다.

피피일드 취임 직후 미국내 EMI 음반 매출은 폭등세를 보였다. 그의 뛰어난 경영능력은 EMI 그룹 전체 운영수익의 64%를 그가 직접 경영하는 기업이 창출하고 있는 것만 봐도 알 수 있다.

급여가 작고 스톡옵션 등과 같은 성과급이 없다면 이런 경영자들은 잠재적으로 높은 수익을 가져올 수는 있지만 실패할 위험성이 큰 중요한 사업에는 관여하려 들지 않을 것이다. 실패한 경우 아무런 보장 없이 회사에서 쫓겨날 수밖에 없기 때문에 차라리 복지부동하면서 큰 과오 없이 계약기간을 채우려 들 것이다. 이는 곧바로 보수적인 경영으로 이어지게 되어 있다.

요즈음 선진국에서는 적은 보수를 주고 소극적인 경영자를 쓰기보다는 다소 높은 보수를 주더라도 톡톡 튀는 아이디어와 적극성을 지닌 경영자를 적극적으로 영입하고 있다.

스톡옵션도 마찬가지이다. 스톡옵션을 보유한 경영자는 주식가격이 상승하면 큰 이익을 얻을 수 있기 때문에 기업실적을 올리기 위해 노력한다. 결국 보수의 많고 적음을 탓하기보다 경영자가 최대한의 능력을 발휘해 기업의 장기적인 경쟁력을 높일 수 있도록 효율적인 보수체계를 만들어 가는 것이 중요하다.[3]

우리나라도 주택은행이 은행 역사상 처음으로 비은행권 출신의 민간인을 행장으로 발탁했다. 물론 지금까지 없었던 스톡옵션도 받았다. 이러한 발탁인사는 외국인들의 주택은행 주식의 적극 매입으로 이어졌다.

1999년 초에 주택은행 주식의 50% 이상을 외국인이 매입했다. 이는 동원증권 사장으로 재직할 때 무차입 경영으로 이름을 날렸던 김정태 행장의 경영능력을 높이 평가한 때문으로 풀이된다. 메릴린치증권 김 이사는 수익성과 투명성을 중시하는 김 행장의 경영 스타일을 높이 평가해 외국인들이 최근 이 은행 주식을 많이 사들이고 있다고 얘기하고 있다.

최근 아마존이란 회사를 만들어 인터넷을 통한 서적 판매로 4년만에 엄청난 부를 축적한 34세의 제프 베조스 사장은 "새로운 것을 만들어라! 이것을 즐겨라! 그리고 세상을 바꿔라!"고 얘기하면서 뜨거운 열정을 가지고 새로운 일을 창출하자고 역설하고 있다.

경영자와 관리자들이 뜨거운 열정으로 항상 새롭고 창의적인 것을 추구하지 않는다면 기업은 오래 고인 물처럼 서서히 썩어 들어가기 때문이다. 그러기 위해 공정한 평가와 이에 따른 보상체계가 올바로 확립된다면 최고경영자 이하 전구성원들이 뜨거운 가슴으로 더 가치 있는 일에 매진하게 되어 더욱 생동감 넘치는 기업으로 살아남게 될 것이다.

+1mm만 앞서면 된다

변화는 가슴이 뜨거운 인재가 창출한다고 누누이 강조했다. 그러면 어느 정도의 변화를 창출해야 과연 초일류 기업일까?

혹자는 엄청난 가격 파괴, 놀랄만한 품질 파괴, 대대적인 기술 혁신 등을 이루어낸 기업을 초일류 기업이라고 얘기할지 모른다. 그러나 최근의 초일류 기업들은 이러한 파괴를 하는 기업들이 아니다. 파괴란 산업사회에서 정보화 사회로 변해가는 과도기에서 나온 말이다. 본격적인 정보혁명 사회로 진입하게 되면 파괴란 말은 더 이상 통용되지 않을 것이다.

초일류 기업이란 어떤 파괴를 통해 경쟁 기업들을 성큼 앞서가는 것이 아니라 경쟁기업보다 오직 플러스 일미리미터(+1㎜)만 즉, 한 발자국만 지속적으로 앞서가는 기업들을 말한다.

여기서 지속적(Sustainable)이란 말에 깊이 유의해야 한다. 한 발자국을 경쟁사보다 지속적으로 앞서가야 한다는 것이다. 이를 영어로 표현하면 '지속적인 경쟁우위(Sustainable Competitive Advantage)'라고 한다.

+1mm가 경쟁우위의 열쇠이다. 이것이 모여서 브랜드 이미지와 기업의 인지도를 형성하는 것이다. 항상 +1mm 앞서 가려면 구성원들이 과거와 같은 발상과 사고를 해서는 안 된다. 그러면 어떻게 해야 경쟁사보다 지속적으로 한 발자국 앞서갈 수 있을까?

첫째, 우리의 핵심역량을 올바로 파악하고 있어야 한다.

타 기업이 쉽사리 흉내낼 수 없는 자기만의 독특한 것이 무엇인가를 정확히 알고 있어야 이를 다각도로 이용하여 경쟁사보다 한 발 앞선 신제품, 새로운 서비스를 창출할 수 있다. 그러나 지금까지 우리나라 기업들은 자기의 핵심역량에 근거한 경영을 해오지 못했다. 오히려 돈 되는 사업이라면 무조건 뛰어들고 본다는 식이었다. 이러니 외형상으로 매출은 좀 늘어나는 듯해도 역량, 자금, 인력이 분산되어 결국 주력업종의 경쟁력이 약화됨으로써 글로벌 경쟁하에 허무하게 무너지고 있는 것이다.

핵심역량(Core Competence)이란 조직 내에 오랫동안 축적되어 타 기업이 흉내내기 어려울 만큼 내부에 공유된 기업 특유의 총체적인 능력, 기술, 지식, 문화 등을 의미한다. 이러한 핵심역량은 단절되어 있는 것이 아니라 일련의 통합된 능력, 기술, 지식, 문화를 뜻한다.

예를 들어 모토로라의 핵심역량인 수주와 납기간 시차를 최소화시킬 수 있는 생산능력은 제품 라인간의 설비공유를 최대화시켜주는 디자인 기술, 유연생산 기술, 정교한 수납 시스템, 재고관리 능력, 그리고 납품업자 관리능력 등이 통합되어 만들어진 것이다. 핵심역량이 다른 능력과 구별되는 것은 이러한 여러 가지 활동을 연결시키는 통합성에 있다. 따라서 핵심역량은 여러 조직 단위에 내재되어 통합되어 있는 능력이나 기술이라고 할 수 있다.

지금까지 우리는 기업의 외적인 규모나 장비, 자금력 등 눈으로 보고 측정할 수 있는 것만을 가지고 기업의 능력을 평가하곤 했다. 그러나 좋은 기업 이미지, 축적된 기술이나 소비자 정보를 활용하는 능력, 구성원들의 창의성과 도전력, 유통 경로에 대한 영향력, 부품 공급업체와의 원만한 관계, 창의적이고 도전적인 기업문화 등도 기업의 경쟁력을 결정짓는 중요한 핵심역량이다. 실제 대차대조표상에 나타나 있지 않거나 눈에 잘 보이지 않지만, 이를 통해 얼마든지 경쟁기업보다 한 발자국 앞설 수 있고 지속적으로 그 산업에서 선두주자가 될 수 있게 해주는 핵심역량이다.

이러한 핵심역량의 축적을 위해서는 장기간의 노력이 필요하고 조직이 학습화되어야 하기 때문에, 핵심역량은 자사를 경쟁자와 차별화하는 강력한 도구가 된다.

풀무원의 경우 두부, 콩나물, 면류, 생수 등의 생(生)지향 식품과 현미효소, 칼슘, 알로에 등의 건강 보조식품에서 구축한 핵심역량인 건강에 관련된 고객의 욕구를 상품화하는 능력을 바탕으로 생지향 식품 물류사업, 피부 특성에 맞는 화장품 제조판매 사업, 건강관련 사업 등으로 한발 앞서 진입하고 있다.[4]

경영자는 핵심역량을 올바로 파악하여 이것을 신제품에 어떻게 응용할 것인가를 항상 고민해야 한다. 샤프와 도시바는 대규모 투자를 통해 평면스크린 핵심기술이라는 핵심역량을 축적하였으며 이를 바탕으로 LCD TV, 랩톱 컴퓨터, 소형 TV, 소형 계산기, 비디오 전화기 등의 제품을 시장에 먼저 출시하여 엄청난 성공을 거두었다.

특히 역량이 차별적이어야 한다는 것은 그 능력을 한 기업만이 가지고 있어야 한다는 것이 아니라, 우리 기업의 능력 수준이 경쟁사보다 탁월하지 않으면 안 된다는 뜻이다. 기본적으로 필요한 기능과 핵심역량 간에는 차이가 있다. 즉 경쟁자가 쉽게 모방할 수 있는 것은 핵심역량으로 정의할 수 없다.

예를 들어 도미노 피자의 경우 과거에는 30분 내 배달역량이 자신의 핵심역량이었다. 그러나 이제는 모든 피자 가게들이 피자를 30분 내에 배달해주고 있다. 따라서 30분 내 배달역량은 더 이상 핵심역량이 아니고 피자 가게를 경영하는 데 필요한 기본 기능인 것이다.

세계적인 초일류 항공사 싱가포르 항공은 고객을 접하는 최일선 직원을 통해 타 항공사들이 쉽사리 흉내낼 수 없는 차별화된 서비스를 제공하고 있다. 최일선 직원들이 고객지향적인 열정을 갖고, 타 항공사보다 새로운 서비스와 제도를 먼저 도입하여 경쟁사보다 항상 한발씩 앞서가고 있다. 다시 말해 싱가포르 항공의 핵심역량은 최일선 직원들의 몸에 체화된 고객지향적인 열정 그리고 경쟁사보다 먼저 새로운 서비스나 제도를 도입할 수 있는 조직 역량이라 할 수 있다.

둘째, 우리 기업이 추구하는 업(業)의 개념을 명쾌히 해야 한다.

핵심역량을 파악한 다음은 업의 개념을 명쾌히 정의하는 일이다. 우리가 추구하는 업의 개념을 명확히 해야 기업이 추구하는 방향이 확실해지고 그래야 핵심역량을 어떻게 활용하여 +1mm를 앞서갈지 알 수 있게 된다. 이제껏 업의 개념이 불명확했기 때문에 우리 기업들이 무분별하게 핵심역량과 전혀 관계없는 분야에 진출했었다.

업을 다른 말로 푼다면 기업의 독자적인 생존영역이라고도 말할 수 있다. 업이란 조직의 활동영역으로서 조직이 어떤 사명을 달성할 것인지에 관련된 것이다.

고도성장기에는 업 개념이 그다지 필요하지 않았다. 시계회사라면 정밀기계공업, 출판사라면 출판업, 병원은 의료업이라는 식으로 기업이 현재 활동하고 있는 사업영역 그 자체를 업이라 정의해도 아무 문제가 없었다. 그러나 지금의 글로벌 무한경쟁 상황에서는 이것이 맞지 않는다.

앞에서 거론했듯이 시계회사는 패션업을, 병원은 서비스업을 그들이 지향해야 할 업으로 알고 있어야 한다. 그래야 기존 핵심역량에 앞으로 어떤 새로운 역량을 축적하여 경쟁사보다 앞설 수 있는 방안을 찾아낼 수 있다. 새로운 경쟁자가 등장하고 고객의 욕구가 복합화, 소프트화되고 기술혁신이 가속화되는 요즈음 기존 제품이나 일반 서비스에 기초한 업의 개념만으로는 더 이상 경쟁사와 차별화시킬 수 없는 상황에 직면하게 된 것이다.

우리는 앞으로 어떤 업을 추구해야 하는가? 이 질문에 대한 답은 충족되지 않은 고객의 욕구는 무엇인가에 유념할 때 제대로 찾아낼 수 있다. 그래야만 현재의 업 개념을 어떤 방향으로 수정, 확장, 재정의할 것인가에 대한 실마리를 잡게 된다. 업에 대한 올바른 개념이 서야 앞으로 우리 기업이 어떤 역량을 추가로 축적해야 할 것인지를 알 수 있다. 그때 비로소 기존 역량으로 이 새로운 업이 가능한지를 판단할 수 있게 된다. 나아가 어떤 역량이 부족하고, 부족한 역량을 축적하기 위해 어떤 기업과 전략적 제휴를 맺고, 어떤 기업을 인수합병(M&A)할 것인지를 결정하게 된다. 또한 인수합병

(M&A)하기 위한 자금을 확보하는 방안으로 미래 전망이 없는 어떤 사업을 매각하거나 또는 조직의 어떤 기능을 아웃소싱해야 하는지 등의 관점이 확실히 서게 되고 이를 통해 경쟁사보다 +1mm를 앞설 수 있게 되는 것이다.

셋째, 기존의 핵심역량을 잘 활용하거나 이들을 재결합, 재배열함으로써 +1mm 앞서가는 제품, 서비스를 개발할 수 있다.

핵심역량의 본질은 정보라는 무형자산이기 때문에 다른 자원과는 달리 여러 분야에서 활용될 수 있다. 보통 기업은 두 개에서 네다섯 개 정도의 핵심역량, 핵심기술 등을 갖고 있다. 그러나 중요한 사실은 기존 핵심역량을 잘 이용하는 것도 필요하지만 기존의 흩어진 역량들을 재결합, 재배합함으로써 얼마든지 경쟁사와 차별화된 신제품이나 새로운 서비스를 만들어낼 수 있다는 점이다. 항상 뭔가 새로운 제품을 남들보다 먼저 출시하는 소위 일류 기업들은 사실 그들이 보유하고 있는 기존 핵심역량들을 새로운 각도에서 재결합시킨 것이다.

수백 가지 제품을 만들고 있는 캐논은 신제품을 계속 만들어내는 것 같지만 사실은 기존의 핵심역량인 정밀 기계기술, 정밀 광학기술, 마이크로 일렉트로닉스, 화상처리 기술을 재결합시킴으로써 신제품을 타 기업보다 한발 앞서 출시하면서 경쟁우위를 확보하고 있는 것이다.

넷째, 기존 핵심역량에 신규 역량을 축적시킴으로써 경쟁사보다
+1mm 앞서갈 수 있다.

지속적인 경쟁우위를 확보하기 위해서는 기존 역량만 이용해서
는 안 된다. 기존 핵심역량에 새로운 역량을 축적함으로써 역량을
강화시켜야 한다. 즉 앞으로 5년 혹은 10년 후에 우리가 고객들에
게 최고의 기업으로 인식되려면 지금부터 미리 기존의 핵심역량을
대체할 새로운 기술·지식 등을 고려해 미래를 위한 새로운 핵심
역량을 구축해야만 지속적인 차별화를 추구할 수 있다.

캐논은 디지털 기술이 많은 장점—자유자재로 편집할 수 있는
능력, 필름 기록장치의 재활용, 저렴한 비용, PC, TV, 프린터 등 서
로 다른 미디어간 이미지 전송의 용이성 등—을 갖고 있어서, 장
기적으로 전자 디지털 화상기술이 화학적 기술을 대체할 것을 간
파했다. 그래서 캐논은 화학적 사진기술을 대체할 전자 사진기술
을 그들의 새로운 핵심역량으로 구축하였다.

핵심역량이 있다는 것만으로 기업의 미래가 보장되지는 않는다.
지속적으로 개량, 발전시켜 나가야 한다. 즉 기존의 핵심역량에 어
떤 역량을 추가시키면 시너지 효과가 일어날 것인지를 반드시 고
려해야 한다. 지속적인 경쟁우위란 기존의 핵심역량에 새로운 역

량을 추가시킬 때 생기기 때문이다.

어떤 분야에서 세계적인 주도권을 구축하는 데는 5년, 10년 또는 그 이상이 걸릴 수도 있다. 그러므로 핵심역량을 강화하기 위한 일관적이고 지속적인 노력이 성공의 관건이다. 이러한 일관성은 무엇보다도 핵심역량을 구축하고 지원하는 것에 대한 공감대 형성과 핵심역량 개발의 책임을 지고 있는 최고경영자의 지대한 관심에 달려 있다.

초일류 기업은 경쟁 기업이 쉽사리 흉내낼 수 없는 차별화된 +1mm를 지속적으로 제공하는 기업이라고 여러 차례 강조하였다. 그러면 도대체 +1mm를 어느 분야에서 앞서야 하는가?

기업의 경쟁력은 갈수록 품질 자체보다는 품질에 대한 소비자 인지에 의해 결정되고 있다. 그런데 품질에 대한 인지가 제품 자체의 기능, 성능, 품질, 맛 같은 것보다는 이와 연결된 소프트하고 다양한 서비스에 의해 결정되고 있다. 더 나아가 이러한 서비스가 제품의 가치(Value)를 증대시키는 것이다. 이러한 경쟁우위를 확보하기 위해서는 인지경영, 소프트경영 그리고 가치경영을 해야 한다. 그러나 고객의 가치를 제고시키고, 기업 브랜드 이미지를 인지시키는 소프트 활동은 갈수록 고객을 직접 접촉하는 최일선 직원들에 의해 나타나고 있다. 따라서 +1mm가 고객접점에서 생겨나야 한다.

스칸디나비아 항공사 사장인 칼슨은 자신의 베스트셀러 『진실의 순간』에서 다음과 같이 말하고 있다.

"한 기업의 이미지, 경쟁력, 사활을 형성하는 것은 엄청난 광고도, 최첨단의 공장 설비도 아니고, 매출 규모나 재계 순위도 아니다. 한 기업의 이미지는 고객들의 최일선 직원을 접하는 단 15초 안에 결정되고 이것이 기업의 사활을 좌우한다. 이제는 서비스업이나 제조업이나 마찬가지로 제품과 연결된 복합적이고 소프트한 대고객 서비스가 기업의 경쟁력을 결정하는 시대이다."

그러나 우리나라 대부분의 기업들은 그렇게 생각하지 않는 듯하다. 예를 들어 항공사의 경우는 다양한 비행 스케줄이, 은행이나 증권사와 같은 금융기관들은 전국에 걸쳐 있는 점포망이 고객의 의사 결정에 최우선이 된다고 믿고 있다. 물론 과거에는 이것이 옳은 판단이었다. 경쟁이 치열하지 않았을 때, 정부가 보호해주었을 때, 고객이 별로 까다롭지 않았을 때는 옳은 판단이었으나 지금과 같은 개방화된 경제하에서는 새로운 대응이 요구되고 있다.

싱가포르 항공의 경쟁우위

국제 항공운송산업의 경쟁력은 1980년대부터 치열해지기 시작하여 1990년대에 들어와 극에 달하고 있다. 미국과 유럽을 중심으로 한 대형 항공사들이 경쟁을 선도하고 있고 아시아의 항공사들은 이에 맞서 살아남기 위한 피나는 노력을 경주하고 있는 추세이다.

아메리칸 항공사나 유나이티드 항공사 등 미국의 대형 항공사들은 세계 최대 규모의 국내시장(2억5천만 명)에서 400대 내지 700대에 이르는 대규모 항공기단을 보유함으로써 엄청난 규모의 경제와 범위의 경제 효과를 누리고 있다. 따라서 이를 통해 국내시장(미국 시장)에서 최저 원가를 유지하고 있다.

미국 항공사들은 이러한 가격 경쟁력을 주무기로 세계시장 공략에 나서고 있다. 특히 이들은 엄청난 투자를 통해 이룩한 막강한 컴퓨터 예약 시스템(Computerized Reservation System: CRS)을 활용함으로써 정보 기술면에서도 가장 강력한 경쟁우위를 갖고 있다.

이러한 미국 대형 항공사들의 규모의 경제를 바탕으로 한 저원가 공세에 대응하기 위해 영국 항공(British Airways)은 제2민항인 브리티시 칼레도니언(British Caledonian)을 인수하여 규모를 키웠으며, 경쟁력을 더욱 강화하기 위해 국영기업인 영국 항공을 과감하게 민영화시켰다.

더 나아가 영국 항공은 유럽 내의 결속을 강화하기 위해 KLM 네덜란드 항공, 사베나 벨기에 항공 등과 자본 참여를 통한 강력한 전략적 통합을 과감하게 추진하고 있다. 프랑스의 제1민항인 에어 프랑스(Air France)도 유럽의 패권을 차지하고 미국의 거센 공략에 대응하기 위해 제2민항인 U.T.A.와 제3민항인 에어 인터(Air Inter)사를 흡수·통합해 규모를 거대화시켰으며, 독일의 루프트한자 항공과 상호 지분 참여를 통한 동맹을 강화하고 있다.

이렇듯 세계 항공시장은 대규모 항공기간을 보유한 대형 항공사들의 각축장이 되고 있다.

싱가포르 항공의 내외적 상황

치열한 경쟁이 벌어지고 있는 항공운송산업에 많은 이들의 주목을 받으며 우뚝 서 있는 기업이 바로 싱가포르 항공이다.

싱가포르는 도시국가로서 크기는 우리나라 서울 정도이며, 인구도 300만 명 정도에 불과하다. 게다가 싱가포르 항공의 항공기는 모두 약 65대 정도밖에 안 된다(참고, 대한항공은 약 110대 정도 보유). 이러한 도시국가의 작은 항공사가 사실은 세계에서 가장 높은 수익성과 최고의 경쟁력을 자랑하는 초일류 항공사라면 놀라지 않을 수 없을 것이다.

싱가포르 항공은 구미 항공사처럼 대규모 국내시장과 역내 시장을 갖고 있지 않다. 또한 국내 인구도 적고 대형 항공기단을 보유하고 있지도 않다. 즉 싱가포르 항공은 앞의 항공사들처럼 규모와 범위의 경제를 이용한 원가 경쟁력이 없는 소규모 항공사이다.

특히 싱가포르에 국내 항공시장 자체가 없다는 것은 커다란 취약점이다. 나라 크기가 작다 보니, 비행기가 종로에서 떠나 영등포에 내릴 수 없듯이 국내시장이 형성될 수가 없다. 당연히 싱가포르 항공은 전세계 고객을 대상으로 경영을 해야 하는 불리한 상황에 놓여 있다.

그러나 싱가포르 항공은 이처럼 열악한 조건에도 불구하고 세계에서 가장 강력한 경쟁력을 가진 최고의 항공사로 우뚝 서 있다. 미국의 《포천》지는 1999년 2월 1일자에서 금융위기에도 불구하고 서비스 다양화 등 공격적인 경영전략으로 전년 대비 7%의 매출 성장을 기록한 싱가포르 항공의 최고경영자인 정충공 씨를 아시아 최고경영인으로 선정했을 정도다.

우리나라, 말레이시아, 인도네시아, 필리핀 등 주변국 항공사들이 심각한 경영난을 겪고 있는 가운데 싱가포르 항공은 3억 달러를 투입해 이미 서비스 좋기로 정평이 나 있는 서비스 수준을 한 단계 더 높였다. 지난해 경쟁 항공사들이 관광객을 끌어 모으기 위해 요금인하에 나선 것과는 달리 비즈니스 고객을 대상으로 정액 요금제를 실시해 5억 8,700만 달러의 흑자를 기록했다.

싱가포르 항공은 저가격 전략을 사용하는 미국, 유럽의 대형 항공사들과 같은 전략으로 경쟁해서는 살아남을 수 없었다. 따라서 주 타깃 고객을 비즈니스맨으로 설정하여, 타 항공사들이 쉽사리 흉내낼 수 없는 독특한 서비스를 제공하는 차별화 전략을 사용하고 있는 것이다. 이들은 고객을 접하는 최접점 직원들의 뜨거운 열정과 타 항공사보다 항상 한발 앞선 새로운 서비스를 지속적으로 제공함으로써 대형 항공사들과 차별화를 추구할 수 있다고 판단한 것이다.

또한 싱가포르 항공은 광고 사상 가장 성공적인 캠페인의 하나로 꼽히는 싱가포르 아가씨(Singapore Girl)라는 똑같은 주제의 광고를 무려 20년 이상 해온 것으로도 유명하다. 이 광고는 '사롱'이라는 몸에 딱 붙는 동남아시아 전통 의상을 입은 여승무원들이 아시아 특유의 따뜻하고 부드러운 서비스를 제공하는 초일류 항공사라는 이미지를 정착시키는 데 크게 이바지하였다.

싱가포르 아가씨의 이미지를 현실화하기 위해 싱가포르 항공은 다양한 노력을 기울였다. 우선 스튜어디스 채용시 상냥하고 외모가 뛰어난 여성만을 채용하고, 최고의 급여를 주는 대신 강도 높은 서비스 교육을 시켰다. 뿐만 아니라 남자 승무원, 관리자를 포함한 싱가포르 항공의 모든 임직원에게 엄청난 교육을 시키고 있다. 연평균 직원 한 사람당 약 5백만 원 이상의 교육훈련비를 쓰고 있을 정도이다.

싱가포르 항공이 서비스 차별화를 위해 기울인 노력은 여기서 끝나지 않는다. 대부분의 항공사들은 메뉴를 1년에 기껏해야 네번 정도 바꾸는 데 반해 싱가포르 항공은 자주 운항하는 노선에서는 메뉴를 1주일마다 바꾸고 있다. 1984년 도입된 PPS(귀빈시스템, Priority Passenger System) 데이터베이스를 통해 단골 고객들의 취향을 파악한 다음, 그들이 비행기에 도착하기 전에 그들이 좋아하는 술, 잡지 등을 미리 준비해 이들을 감동시키고 있다.

싱가포르 항공은 또한 전화 안내 직원의 빠르고 상냥한 대응, 비행기표를 건네주면서 보이는 매표원의 다정스러운 미소, 승무원이 기내에서 커피 한잔 권하면서 보내는 그들의 사랑스러운 눈길, 문제 발견시 즉각 해결 등 고객을 접하는 최접점 직원들로 하여금 최고의 서비스를 제공하도록 하였다. 이러한 점들이 타 항공사가 쉽사리 흉내낼 수 없는 경쟁 우위이며 따라서 경쟁자보다 항상 한발 앞선 서비스를 지속적으로 제공하고 있다. 또한 최접점 직원들에게 보다 많은 권한을 부여해 문제발견 즉시 해결이라는 즉각 응징 서비스를 제공함으로써 고객을 더욱 감동시키고 있다.

한편 이들은 차별화된 다른 항공사 즉 미국의 델타 항공, 스위스 항공 등과 전략적 제휴를 맺어 범세계적인 노선에서 상호 협력을 통한 윈 – 윈(Win-Win)전략을 효율적으로 활용하고 있다.

세계적 경쟁은 치열해지고, 고속전철, 유람선, 정보통신 등과 같은 대체재가 나타나 미래의 항공운송산업의 성장이 불투명해지고, 고객의 욕구가 복합화되는 시대이다. 이렇듯 현시점에서 어떻게 보면 가장 열악한 조건에 있는 소규모 항공사인 싱가포르 항공이 자신의 핵심역량을 바탕으로 항공운송산업에서 최고의 경쟁력을 자랑하고 있음은 우리에게 시사하는 바가 매우 크다.

1) 이광현, 『21세기 기업생존전략』, 석정, 1998.
2) Hamlel G., and Prahalad. C. K., "Competing for the Future", H. B. S. Press, Boston, 1994.
3) 마이클 브레넌, '경영자의 몸값에 인색하지 말라', 『핵심경영전략 40가지』, 매일경제신문사, 1998, 45~46쪽.
4) 이광현, 『핵심역량경영』, 명진출판, 1996.

제 2 장

우리 기업들이
망할 수밖에 없는 17가지 이유

우리나라 경제가 IMF 관리체제하에 들어간 데는 여러 가지 이유가 있겠지만, 근본적으로 우리나라 기업들의 국제 경쟁력이 땅에 떨어졌기 때문이다. 자본주의 사회의 근간은 정부도 아니고 대학도 아니다. 그것은 바로 기업이다. 기업들이 세계 시장에서 보다 많은 수익을 올려야 국가가 부강해진다. 정부는 그야말로 기업과 산업의 국제 경쟁력을 강화시키기 위한 행정 서비스 등을 제공하는 역할밖에 할 수 없기 때문이다.

이러한 기업들이 핵심역량을 근간으로 하는 집중경영을 하지 않고 비관련 다각화를 통한 외형성장만을 추구하는 등 여러 가지 이유 때문에 국제 경쟁력이 땅에 떨어지게 되었다. 따라서 수출보다 수입이 늘어나 무역적자가 엄청나게 불어났다. 이것을 메우기 위해 기업, 은행들이 해외에서 많은 자금을 그것도 대부분을 단기차입을 하였다. 수출이 늘어나 무역흑자가 지속된다면 중장기적으로 이 빚을 갚으면 그만이다. 하지만 무역적자는 계속 늘고 따라서 단기차입금도 계속 증가하였다. 이러한 상황이 지속되자 더 이상 우리나라를 신뢰하기 어렵게 된 해외 채권기관들이 줄줄이 중단기 차입금을 회수하기 시작했다. 이것이 외환위기로 연결되어 IMF관리체제에 들어가게 되었던 것이다.

이러한 IMF 돌풍에 맞아 30대 재벌 기업의 반 이상이 쓰러지고 수많은 금융기관과 중소기업들이 줄줄이 망하지 않을 수 없게 되었다.

약점 보완만 하다가 망했다

우리나라 기업들이 지금까지 추구했던 경영방식은 한마디로 약점 보완형 경영이었다. 기업뿐만 아니라 대학, 병원, 정부, 개인 등 모든 분야, 모든 조직이 똑같은 방식을 지향하였다.

필자가 프랑스에 공부하러 가족과 함께 갔을 때의 일이다. 당시 큰애가 프랑스 학교에 입학하니 불어뿐만 아니라 그 나라 역사, 지리, 사회 등 모든 과목에서 프랑스 아이들보다 실력이 떨어졌다. 하지만 수학 과목은 누구에게도 처지지 않았다. 그런데 학교 담임 선생님의 우리 아이에 대한 태도가 퍽이나 놀라웠다.

"애야! 너는 수학을 참 잘하는구나. 그래 불어는 지금 부족해도 세월이 지나면 잘하게 돼 있어. 너는 수학을 잘하니 수학을 더욱 열심히 하거라. 그래서 수학자가 되든가 아니면 수학이 많이 쓰이는 쪽으로 진출하면 크게 성공할 수 있단다."

담임 선생님은 그런 식으로 아이한테 수학숙제를 특별히 더 많이 내주고, 칭찬해주며 격려를 아끼지 않았다. 우리 아이는 프랑스에서 공부하는 동안 자신만만했으며 아주 행복했었다. 필자의 공부가 끝나 귀국하여 큰애를 다시 우리나라 학교에 입학시키니 국어뿐만 아니라 사회, 지리, 도덕 등 대부분의 과목에서 친구들과 비교해 많이 떨어졌다. 그래도 수학만큼은 여전히 잘했다. 흥미롭게도 이를 대하는 학교 선생님의 태도가 매우 달랐다.

"얘야! 너는 국어뿐만 아니라 사회, 지리, 도덕도 너무 부족하구나. 이 과목들을 열심히 해서 빨리 따라가야 한다. 너는 수학은 그만하면 참 잘 하니 수학은 그만하고 어서 부족한 과목을 빨리 보충하거라!"

두 선생님의 사례에서 보듯이 우리는 지금까지 너무 지나치게 약점 보완형을 지향해왔다. 우리나라 학생들은 수능시험을 잘 쳐야 좋은 대학에 들어간다. 서울대학교에 들어가려면 400점 만점에 최소한 380점 이상, 즉 모든 수능 과목을 평균 95점(A⁺) 이상 받아야 한다. 모든 과목을 다 잘한다는 것은 무엇을 의미하는가? 혹시 모두 다 어중간하다는 뜻은 아닐까? 국내라는 자그만한 연못에서는 모든 과목을 잘하는 학생이 뛰어나 보일지 모르나, 지금의 글로벌 경쟁 상황에서 이런 것이 통하게 될지 꽤 의문스럽다. 특히 지금의 지식사회는 창의력, 독창력, 순발력, 기획력 등이 절실하게 필요한 상황이다. 그런데 이처럼 많은 과목을 암기 위주로 공부하여 모든 과목에서 고루 높은 점수를 받는 식으로 어떻게 세계적인 수준에 도달하겠는가?

우리 기업들은 모두 약점 보완에 치중하다가 어중간한 상태에 놓이게 되었다. 이러다가 글로벌 경쟁상황이 빠르게 전개되고 초점경영, 집중경영을 통해 핵심역량, 핵심기술을 축적한 세계적인 초일류 기업들과 경쟁을 하니 무너지지 않은 게 오히려 이상하다.

어떤 기업이 섬유제품을 생산하다가 유통산업에 진출하면 경쟁기업도 덩달아 유통산업에 진출했다. 왜냐하면 경쟁사는 유통산업에 진출했는데 자기네가 유통업에 진출하지 않으면 약점이 된다고 생각했기 때문이었다. 그리고 이 기업이 제조업을 하다 보니 금융업을 하면 돈의 융통이 원활할 듯싶어 증권이나 보험, 종금 등 금융업에 진출하면 경쟁기업도 하다못해 신용금고라도 하나 인수하려고 기를 썼다. 더 나아가 사업이 계속 늘어나 새로운 공장도 건설하고 기숙사도 세워야 하던 차에 마침 아파트 붐이 일어나니, 자기 공장도 짓고 아파트를 건설해 사업도 확대하기 위해 건설회사를 만들었다. 경쟁기업은 건설회사가 없으면 경쟁사에 비해 외형과 순위 경쟁에 밀리니 우리도 하나 만들자 하여 모든 기업들이 너도나도 건설업에 뛰어들었다.

이렇게 모든 기업들이 약점 보완을 하다가 섬유 → 유통 → 금융 → 건설 → 화학 → 전자 → 정보통신 산업에 진입하여 잡화상식,

선단식 사업 구조가 되어 버렸다. 이러다가 글로벌 무한경쟁에 직면하자 한번에 무너진 것이다.

그러나 이제는 약점 보완을 통한 잡화상식 경영, 선단식 경영으로는 더 이상 생존조차 힘든 상황이 도래하였다. 약점 보완이 아니라 강점추구 및 핵심역량 강화 경영을 해야 한다. 백 가지 역량이 있으면 약점 보완에는 십, 이십 정도만 투자하고 팔십, 구십의 역량은 강점추구와 핵심역량 강화에 집중시켜야 한다.

완전한 사람이 없듯이 약점 없는 기업이 세상에 어디 있는가? 그렇다고 약점을 그냥 내버려두라는 뜻이 아니다. 우리의 약점을 파트너와의 전략적 제휴, 아웃소싱 등을 통해 보완해나가는 지혜를 발휘해야 한다는 것이다.

기회 추구형 경영과
편의적 벤치마킹으로 쓰러졌다

　우리나라 기업을 지금과 같은 상태로 만드는 데 크게 기여했던 경영기법이 있다. 다름아닌 강·약점·기회·위협분석기법(S. W. O. T.: Strength, Weakness, Opportunity, Threat)과 벤치마킹(Benchmarking) 기법이다. 사실 이 두 가지 경영기법은 그 자체로는 큰 문제가 없으나 이것을 우리나라 기업들이 편의대로 잘못 적용했기 때문에 실패를 초래했다.

　우리나라 기업들은 신규사업, 신규제품을 개발하기 위해 S. W. O. T. 분석 모델을 이용했다. 즉 기업의 강, 약점을 죽 열거해보고 또한 기업이 잡아야 할 여러 가지 호기와 회피해야 할 위협 요인들을 찾아본 다음 이 네 가지 요인들을 서로 연결시켜 신규사업안을 작성했다. 이렇게 해서 크게 네 가지 전략이 나왔다. 첫째, 우리의 강점을 이용하면서 환경이 부여하는 좋은 기회를 잡을 수 있는 신규사업안, 둘째 우리 약점을 보완하면서 외부 기회를 잡을 수 있는 신규사업안, 셋째 우리 강점을 이용하면서 외부의 위협 요인들을 피할 수 있는 신규사업안, 마지막으로 약점을 보완하면서 외부의 위협을 회피할 수 있는 신규사업안이 그것이다.

이러한 네 가지 전략 대안 중에서 대부분의 기업들이 추구했던 신규사업의 방향은 놀랍게도 네 가지에 나온 모든 안들의 종합이었거나 두번째, 즉 외부 기회를 추구하면서 약점을 보완하는 신규사업안이었다. 이를테면 전자, 생명공학, 정보통신, 유통사업 등의 새로운 사업기회는 늘어나고 있는데, 이러한 사업을 아직까지 하고 있지 않을 경우 기업들은 이것을 약점으로 파악했다. 그리고는 이러한 사업들을 그들의 신규사업으로 채택했던 것이다.

반면에 선진국 초일류 기업들이 써왔던 전략은 이와 다르게 그들의 강점을 추구하면서 외부 기회를 이용하는 전략이었다. 즉 선진국 기업들은 전략의 개념을 올바로 이해하여 자신의 강점과 핵심역량을 이용하면서 성장 기회를 추구하는, 선택과 집중이라는 개념하에서 경영을 했으나, 우리나라 기업들은 능력은 부족하더라도 좋은 것이면 다 한다는 식의 주먹구구식 경영을 했던 것이다.

그러다 보니 기업들은 신규사업에 대한 핵심역량, 기술, 능력 등이 없는 상태에서 외부 환경이 부여하는 좋은 성장기회를 잡아 약점을 보완한다는 사고하에 소위 첨단 성장산업에 너도나도 뛰어들었다. 이름만 대면 알 만한 대기업치고 소위 꿈의 산업이라는 정보통신사업에 손을 대지 않은 경우를 찾아보기 힘들다. 대기업뿐만 아니라 웬만한 중견기업들도 모두 이 사업분야에 뛰어들었다. 그런데 지금은 이런 기업들이 거의 다 무너지고 있다.

그러나 이러한 사업들에 무조건 들어가기가 겁이 났던지 기업들은 이 사업들이 과연 첨단 성장산업인가를 확인하기 위해 소위 벤치마킹을 해보았다. 즉, 선진국의 선도 기업들이 이 산업에 진출하고 있는가를 살펴보았다. 그 결과, 우리보다 먼저 시작하여 이미 상당한 성과를 이루어낸 선진 기업이 수두룩했다. 이에 고무된 우리 기업들은 '맞아! 이것은 우리가 해야 할 사업이다'라고 확신하고 무조건 뛰어든 것이다. 그래서 그들의 주력 사업에 들어가야 할 고급 인력, 자금 등이 소위 꿈의 산업처럼 보이는 이러한 다양한 사업분야에 분산되고 결국은 주력 분야마저도 부실해지는 지경에 이른 것이다.

이로 인해 우리나라 기업 대부분의 사업구조가 비슷해졌다는 사실은 결코 놀라운 일이 아니다. 소위 각 기업의 기획실에서 서로 비슷한 외부환경 분석자료를 구해서 SWOT 분석을 하고, 똑같은 해외 선도기업을 서로 벤치마킹하여 신규사업을 찾았고, 또한 경쟁기업이 신규사업에 진출하면 자기들도 약점 보완을 하느라 동일한 사업에 진출했으니 기업들의 사업구조가 서로 중복되고 동질화되는 결과를 피할 수가 없었던 것이다. 이것은 곧바로 지나친 중복투자의 문제로 이어졌다. 즉, 우리 기업들이 경제의 논리보다는 경쟁의 논리에 휘말려 IMF 관리체제라는 상황을 연출해낸 것이다.

우리는 전략의 개념을 논할 때, 보통 뭔가를 선택하는 일, 더 솔직한 표현으로 뭔가를 포기하는 일이라고 얘기한다. 아무리 세계 최고 최대의 기업이라 하더라도 제한된 인력, 자금, 기술력밖에 없기 때문에 결국 선택과 포기를 해야 한다. 그런데 한국 기업들에게는 이러한 선택과 포기의 개념이 없었다.

물론 이러한 성장전략이 과거에는 나름대로 기업의 규모를 키울 수 있는 성공비결이라고 할 수 있었다. 즉 철저하게 보호된 국내 시장에서 경제가 지난 30년 동안 거의 두 자리 수 이상 성장하는 가운데, 또한 국내 각 산업 분야에 두각을 나타내는 세계적인 초일류 기업이 존재하지 않은 상태에서 소위 성장산업이라고 생각되는 사업에 너도나도 뛰어드는 것이 나름대로 기업의 규모를 키우는 성공 전략이었을 수도 있다. 그러나 지금은 이것이 오히려 기업의 핵심역량을 더욱 약화시키고 부실을 가속화시킨 원인이 되었다.

이제는 약점 보완이 아닌 강점 추구를 통해 환경이 부여하는 호기를 잡아야 한다. 외부의 환경을 먼저 볼 것이 아니라 자신의 핵심역량과 강점이 무엇인가를 먼저 보고 이 역량을 이용하여 외부의 어떤 사업기회를 찾을 수 있는지를 고려해야 한다. 외부 환경의 기회나 경쟁기업만 바라보고 나아가는 자세에서 탈피하여 기업 내부를 보다 심층적으로 바라보고 그래서 우리 기업이 정말 잘하고 있는 것, 혹은 잘할 수 있는 것 즉 타 기업들이 쉽사리 흉내낼 수 없는 독특하고 차별화된 핵심역량에 온 힘을 집중시켜야 한다. 그래서 이러한 핵심역량을 바탕으로 외부 환경을 바라보면서 어떤 신규사업을 추진하고, 더 나아가 여기에 어떠한 새로운 역량을 축적시켜야 더 큰 성장 곡선을 그릴 수 있는가를 고려하는 핵심역량 경영이 필요한 것이다.

3

백인일색 경영 때문에 무너졌다

지금까지 우리 기업들은, "모두 함께, 모두 같게"라는 사고로 기업을 키워 왔다. 개인의 독자적인 활약보다는, 한 동아리 내에서 함께 일한 것에 의한 성과만을 요구했다. 그에 대한 보답으로서 집단에 대한 대가가 지불되었으며, 이에 따라 연공서열제가 정착되었다. 더욱이 규모의 경제를 실현하기 위해서는 대량생산을 통한 규모 확대를 추진해야만 했다. 그래서 관리와 표준화를 철저히 하기 위한 노력을 게을리하지 않았다. 결국 같은 사고와 같은 행동을 하는 백인일색(百人一色) 조직이 되어버렸다.

사실 1980년대까지 이러한 특징은 우리 기업들이 비약적으로 발전하는 데에 기여했다. 그러나 1990년대에 들어와서부터 오히려 기업의 발목을 잡고 경쟁력을 끌어내리는 골칫거리가 되었다. 이른바 대기업병이라고 불리는 조직의 경직화 현상이 심각하게 나타나 창조적인 일이 저해당하거나 조직의 역동적인 기업 활동이 불가능하게 되었다.

결과적으로 선진 제품을 그대로 모방하여 생산 판매하는 것이 체질화되어 혁신적이고 창조적인 발상이나 아이디어를 창출할 능력이 축적되지 못했으며, 이에 따라 새롭고 창의적인 것을 추구하려는 문화가 조직 내에 정착되지 못했다. 강한 애사정신을 갖고 있는 기업 로열티 집단은 되었으나 현장에서 새롭고 창의적 지식을 축적하며 자신의 일에 긍지와 기쁨을 느끼는 일의 로열티 집단은 되지 못했다. 더 나아가 싸구려 제품을 대량 생산하여 성장한다는, 지나치게 천편일률적인 성장주의에서 벗어나지 못했다.

또한 대부분의 기업들이 앞으로 나란히 식으로 타사와 유사한 제품, 비슷한 서비스를 제공하였다. 어떤 제품이 동업 타사에서 나오면, 그것과 유사한 제품을 자기들도 만들어냈다. 영업 담당자가 개발부서 담당자에게 "타사는 이러한 제품을 만들고 있다. 우리 회사도 그러한 제품이 없으면 시장점유율을 지킬 수 없다"라고 말하면, 개발부서는 별 문제의식도 없이 타사 제품과 같은 것을 개발해서 시장에 출시했다.

동종 업계에 있는 여러 기업들이 서로 비슷한 전략을 취했기 때문에 각 기업별로 제품의 수가 엄청나게 늘어나게 되었다. 따라서 제품 하나하나에 대한 부가가치는 적어지나 상품 수는 증가해서 수치상의 매출액은 그런대로 증가했었다. 그러나 갈수록 복잡한 제품 구조, 조직 구조에 따라 엄청난 관리비가 들게 되어, 오히려 수익성은 떨어지는 결과를 낳게 되었다. 즉 구색 맞추기라는 잘못된 관행이 조직 내에 굳어져 고비용 저효율의 구조를 갖게 되었다.

과거와 같은 고도성장기에는 이러한 경영방식이 나름대로 좋은 효과를 나타냈다. 왜냐하면 당시 기업의 목표는 보다 많은 시장점유율이나 매출 확대 등, 규모의 확대를 통한 외적 성장이었기 때문이다. 그러나 지금 우리나라의 경제는 IMF 관리체제하의 저성장률을 보이고 있으며 21세기에 가서도 4~5% 이상의 성장은 기대하기 어려운 실정이다. 1998년도 성장률이 마이너스 7%였다는 것은 과거 줄곧 두 자리 수의 성장률을 경험했던 우리에게 격세지감이 아닐 수 없다. 더욱이 경제 규모가 커지고 선진국 단계에 접어들수록 과거와 같은 고도성장은 기대할 수 없다.

이제는 각 기업들이 차별화된 제품과 서비스를 갖고 독자적인 영역에서 창의성, 독창성을 바탕으로 하는 새로운 경영방식을 도입하지 않으면 안 된다. 기업의 수가 얼마이든 다들 똑같은 미래를 추구할 필요도 없으며 추구해서도 안 된다. 만약에 백 개의 기업이 똑같은 미래를 추구한다면 90% 이상은 잘못 간 것이다. 그러나 백 개의 기업이 서로 다른 백 개의 미래를 추구하면 거기에는 모두에게 찬란한 미래가 있을 것이다.

상황이 심각한 쪽은 기업만이 아니다. 우리나라 대학이 왜 모두 똑같은 과들을 다 같이 갖고 있어야 하는가? 심지어 전문대학조차도 전혀 관련 없는 과를 신설해 종합대학이 되려고 하는가? 다시 말해, 왜 모든 대학들이 똑같은 미래를 추구하려 드는가? 이러니 우리나라 일류 대학들조차 심지어 아시아권에서도 하위권에 머물고 있다는 사실을 바로 새겨야 한다.

이제는 그야말로 전문가 시대이다. 프로페셔널(Professional)만 살아남는 시대이다. 기업 특유의 색깔, 냄새가 있어야 한다. 뭔가 남들과 차별화된 독특성을 갖고 있어야 한다. 그리고 그러한 독특성을 지속적으로 발전시키고 강화시켜 자기만의 것을 창출할 수 있어야 한다.

오늘날처럼 다원화되는 사회에서 3등은 꼴찌나 다를 바 없다. 어떤 분야에서든지 일등이나 일등에 아주 근접한 이등은 해야 한다. 요즈음 대부분의 기업에서 퇴출자들이 양산되고 있다. 이들 대부분은 무엇을 잘못해서가 아니라 특별히 잘하는 것이 없어서 퇴출당하고 있다. 이제는 기업이든 대학이든 개인이든 자기 전문분야에서 최고의 서비스를 제공할 수 있는 자만이 성공하는 시대이다.

어중간한 기업, 영어로 'Stuck in the middle' 상황에 처해 있는 기업들은 반드시 쓰러지고 말 것이다. 어떤 기업이 어중간한 상태에 빠지는가? 규모의 경제를 바탕으로 강력한 원가경쟁력도 갖지 못하고, 강력한 브랜드나 기술력, 고객인지도를 바탕으로 차별화도 추구하지 못하고 있으며, 더 나아가 어떤 특정 산업, 제품, 지역에 집중하여 나름대로의 영역을 확보하지 못한 기업이 [그림 2]와 같이 어중간한 상황에 빠지게 된다. 어중간한 상황이 되면 시장점유율이 계속 하락하면서 수익성도 급락하는 상태가 계속된다.

이 어중간한 상황에서 벗어나지 못하면 기업은 곧 도산의 길을 걷게 된다. 백일일색 경영을 추구했던 많은 기업들이 현재 이러한 상황에 놓여 있다. 이제 우리 기업들은 이처럼 돌이킬 수 없는 상황에 처하기 전에 빨리 확실한 제 위치를 잡아야 한다.

[그림 2] 어중간한 상태

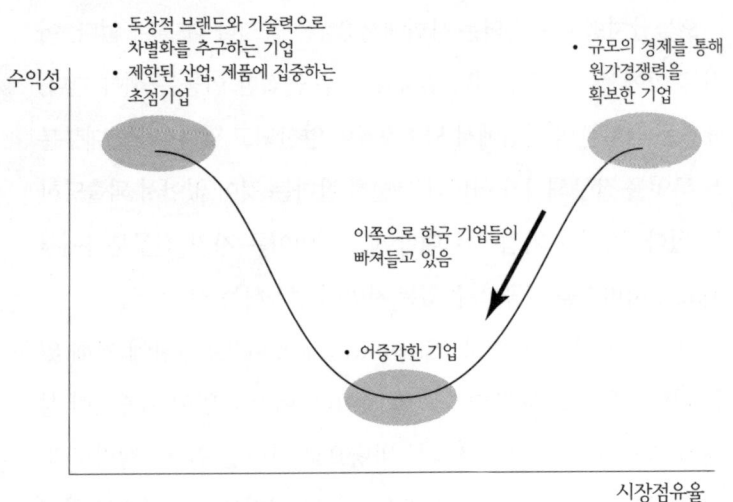

수익성

• 독창적 브랜드와 기술력으로
  차별화를 추구하는 기업
• 제한된 산업, 제품에 집중하는
  초점기업

• 규모의 경제를 통해
  원가경쟁력을
  확보한 기업

이쪽으로 한국 기업들이
빠져들고 있음

• 어중간한 기업

시장점유율

국가 보호, 저렴한 인건비, 근로자들의 뜨거운 근로의욕, 고객들의 애국심 등을 바탕으로 나름대로 원가경쟁력이 있었던 많은 기업들이 현재의 글로벌 경쟁에 직면하여 어중간한 상태로 이미 빠져들었거나 빠져들고 있다.

백화점산업의 경우를 살펴보자. 우선 강력한 원가경쟁력이 있는 기업—월마트, 까르푸, 이마트—이 등장했다. 제한된 영역에만 집중하는 전문기업—세진컴퓨터. 테크노마트, 건설백화점, 축협, 수협—도 탄생했다. 최고급 제품만 판매하는 차별화된 고급 백화점-갤러리아 백화점 명품점, 인터넷 판매, 통신판매 등과 같은 대체품도 출시되었다. 이에 따라 우리나라의 많은 백화점들이 현재 어중간한 상태에 빠져들게 되었으며, 1998년 한 해 동안에만 23개의 백화점이 쓰러진 것이다.

이러한 상황은 백화점업계에 국한된 것이 아니라 우리나라 모든 기업에게 닥치고 있다. 기업을 둘러싸고 있는 환경 요인들이 돌풍같이 변하고 있는데 과거 성공전략의 환상에서 벗어나지 못한 채 지금은 어렵지만 좀 지나면 좋아질 거라는 근거 없는 낙관만 하고 있다.

우리나라 기업들은 한시바삐 전략적 혁신을 통해 원가경쟁력을 갖는 기업으로 변신해야 한다. 또는 브랜드나 기술력을 통해 차별화를 추구할 수 있는 기업으로 변모하거나 어떤 한 분야의 산업이나 제품에 모든 노력을 집중하는 초점기업으로 변신하든 분명한 선택을 하지 않을 수 없는 상황에 직면해 있다. 어중간한 상태 그 다음은 바로 도산이기 때문이다.

4

단기차입금에 의존해
덩치만 키우다가 몰락했다

요즈음 우리는 빚 내어 잔치하다 망했다는 말을 흔히 한다. 우리 모두가 언론매체를 통해서 귀가 따갑도록 들은 얘기이다. 그러니 길게 언급하지 않겠다. 우리나라 경제는 지난 30여 년 동안 한강의 기적이라 불릴 만큼 고도성장을 해왔다. 따라서 웬만한 기업들이면 보통 매년 20~30%의 성장을 했었다. 오일쇼크가 발생했을 때는 중동 건설특수, 1980년대 후반에 불어닥친 불경기 상황에서는 3저의 호기로 우리나라 기업들은 커다란 위기를 겪어보지 않고 너무나 좋은 시절을 향유했었다. 즉 너무 오랫동안 호경기를 만끽했던 것이다.

경제가 순조롭게 성장하고 기업이 잘 나갈 때 차입 경영을 하는 것은 당연한 일이다. 활황기·호경기 때에는 가능한 한 외부자금을 많이 끌어다 얼마나 잘 활용하느냐가 경영자의 큰 능력 중의 하나인 것이다. 호경기 때 자기 자본만으로 경영하는 기업은 성장 기회를 포기하는 것과 마찬가지이다. 문제는 얼마만큼의 자금을 차입해서 과연 어디에 투자했는가이다.

우리나라 기업들은 차입한 자금을 핵심 주력사업을 강화시키기 위해 첨단 기술력, 경영능력 개발, 브랜드 이미지 강화, 인재 양성 등에 투자하는 대신 규모 확대와 외형 성장만을 위해 비관련 산업 쪽으로 투자해버렸다. 특히 신규사업에 들어가기 위해 계열사간 소위 상호지급보증이란 방법을 이용해 400% 이상의 엄청난 부채 비율도 당연시했다. 그 결과 총부채의 60%가 단기부채라는 상상하기 어려운 상황이 전개되었다. 대마불사라는 생각을 갖고 상호 지급보증을 통한 단기 차입으로 소위 첨단 성장산업에 앞다투어 진입했던 것이다.

이러한 계열 기업간의 방대한 상호지급보증을 통해 이미 퇴출되었어야 할 경쟁력 없는 기업들을, 지금은 어렵지만 조금만 참고 버티면 나아질 것이라는 지나치게 낙관적인 생각으로 마냥 끌어안고 있었던 것이다. 또한 정부는 이러한 기업들에게 구제금융의 혜택을 주었으며 금융기관은 수익성, 경쟁력 등과 같은 상세한 여신 심사도 없이 대기업에 여신을 편중하는 관치금융을 일삼았다. 이러한 구조하에서 우리 기업들은 자금을 쉽게 조달할 수 있었고 이렇게 끌어들인 자금으로 비관련 산업분야에 투자했다. 더 나아가 이러한 기업들은 비관련 산업들의 매출 합계를 통한 매출 순위, 자산 규모 순위 경쟁이라는 자존심 경쟁까지 했던 것이다. 이러다가 소위 우리나라 30대 재벌의 반 이상이 무너져버리고 말았다.

언론이나 금융기관 등에서는 수익성, 브랜드 가치, 차별성, 독창성 등을 기준으로 기업의 경쟁력을 판단한 적이 거의 없었다. 즉 단순히 매출이나 자산규모를 통한 기업 순위, 과거 대비 성장률 등이 주요 비교 대상이었다. 이러한 관행이 기업간 자존심 경쟁을 더욱 가속화시켰던 것이다.

7개 종합상사가 우리나라 수출의 약 50%를 차지하고 있다, 종합상사 매출 규모가 20조가 넘는다, 100억 달러 수출탑은 누가 탔다는 등 외형 규모만 따졌지 실제 이들의 수익성이 과연 얼마나 되는지는 별로 관심을 두지 않았다. 라면에서 미사일까지 수천 가지 제품을 다루고, 수출·수입뿐만 아니라 제3국간 거래, 금융, 정보, 내수판매, 해외 생산, 연구개발, 국내 제조, 유전개발사업 참여 등 돈 될 듯한 모든 사업을 전세계에 걸쳐서 다 하고 있는 종합무역상사가 과연 내실이 있는지에 대해서는 관심을 기울이지 않았다. 외형만 컸지 수익성이 거의 없어 종합상사 무용론이 지금 크게 부각되고 있는 것도 바로 외형 성장, 규모 확대에만 매달렸기 때문이다.

더욱이 지금의 IMF 관리체제를 벗어난다 해도 앞으로는 4%대 이상의 성장은 기대하기 어려운 저성장, 고경쟁 경제체계에 우리나라도 들어가게 될 것이다. 이러한 상황에서 매출 규모나 외형만으로 기업의 경쟁력을 따지는 것은 무의미하다. 오히려 얼마나 많은 수익을 창출했는가, 초점화, 집중화를 통해 국내외 경쟁사들과 얼마나 차별화가 되는지 등이 관건이다. 또한 기업의 브랜드가 전세계 고객들에게 얼마나 인지되었으며, 기업의 주식가치 총액이 얼마나 되는지가 더욱 중요한 요인이 되고 있다.

최근에 제일제당은 "제일 큰 회사가 아니라 제일 좋은 회사가 되겠습니다."라는 광고를 하고 있다. 바로 이것이 우리 기업이 본받아야 할 경영사고가 아니겠는가? 기업의 경쟁력은 과거의 역사나 규모를 따지는 것이 아니라 수익성과 차별성, 브랜드 가치, 총주식가치 등으로 따지는 시대가 이미 도래했다는 사실을 염두에 두어야 할 때이다.

5

나 홀로 경영 때문에 쓰러졌다

지금까지 우리 기업들은 여러 비관련 분야의 진출을 통한 외형 확대를 추구하면서 동시에 그 모든 것을 혼자서만 하는 경영을 해 왔다. 신규산업에 진출할 때도 새로운 첨단기술을 개발할 때도 혼자서 모두 하는 '나 홀로' 경영을 하면서 다각화된 선단 기업군들을 즐비하게 거느렸던 것이다. 혼자 하면 모두 독식할 수 있어 좋다는 장점도 있겠으나 이것이 바로 저효율 고비용 구조를 만드는 결정적인 계기가 되고 말았다.

수십 가지 산업분야에 진출하여 수만 가지 제품 및 서비스 생산을 혼자 다 하다 보니 각 분야별로 세계적인 경쟁력을 갖출 정도로 막대하고 장기적인 투자를 못 했을 뿐만 아니라 기술이나 품질 면에서 세계적인 경쟁력을 갖출 만한 수준에 도달할 수도 없었다. 나아가 모든 기업들이 나 홀로 경영을 하면서 중복된 분야에 도토리 키재기식의 투자를 하여 기업의 힘과 국력을 분산시켰던 것이다.

과거에는 국내의 저렴한 인건비와 표준화된 기술을 이용하는 성숙 산업분야에서 나름대로 가격경쟁력을 보유할 수 있었다. 그러나 이미 1980년대 말부터 표준화된 기술을 이용하는 성숙 산업분야에서는 저렴한 인건비를 무기로 인해전술을 구사하는 중국에 밀리고, 첨단 산업분야에서는 미·일·유럽의 선진 기업에 밀리는 상황이 전개되었다. 그런데도 이렇게 모든 기업들이 중복된 산업분야에 서로 진출하면서 제각기 나 홀로 경영을 했으니 어느 한 분야에서도 세계적인 기술수준을 확보할 수 있는 장기적인 투자를 할 수 없었다. 이러다 지금의 IMF 관리체제하에 들어오지 않을 수 없게 된 것이 아닌가.

반면 선진 경쟁 기업들은 이미 글로벌 시장을 목표로 제한된 산업분야에 집중투자를 했을 뿐만 아니라 그러한 투자를 혼자서 하는 나 홀로 경영을 하지도 않았다. 급변하는 첨단 반도체 기술을 개발하기 위해 서로 경쟁관계에 있는 기업끼리 공동으로 개발하여 그 기술을 서로 공유하는 식으로 전략적 제휴를 강력하게 추진하였다. 한편으론 파트너로 다른 한편으로는 경쟁기업이 되는 적과의 동침을 전략적으로 추진하여 상호이득이 되는 윈-윈(Win-Win)전략을 적극 사용했던 것이다.

일본 반도체업계는 필요한 상대와 필요한 만큼만 손잡는다는 식의 경영을 선호했다. 최대 반도체 메이커인 NEC는 필립스와 제휴

했고 반도체업계 순위 3위인 히타치가 프랑스의 ST 마이크로일렉트로닉스와 각각 연대해 공동 기술개발에 착수했다. 업계 2위인 도시바는 IBM과 천억 엔 규모의 64메가 D램 합작공장을 설립했다. NEC는 인텔의 시장독점에 대항키 위해 PC용 고속메모리 분야에서 대만의 3개 사와 전략적 제휴를 맺었다.

이들이 나 홀로 경영을 포기하고 적과의 동침 경영을 추진했던 이유는 아무리 큰 기업이라 할지라도 지금의 급격한 환경변화를 혼자서는 감당할 수 없기 때문이다. 글로벌 경쟁에서 이기기 위해서는 지속적이고 엄청난 투자를 통해 최첨단 기술을 계속 개발할 수 있어야 한다. 그러나 이러한 기술을 이용하여 개발된 제품의 라이프사이클은 급속도로 짧아지고 이 분야 세계 최고 기업들간의 글로벌 경쟁이 심화됨에 따라 아무리 대규모 글로벌 기업이라 하더라도 혼자서 모든 것을 할 수 없게 된 것이다.

따라서 전략적 제휴, 파트너십, 지분 동맹 등을 통해 리스크를 완화해 나가면서 그 결실을 공유하는 한편 서로 경쟁하는 윈-윈 게임을 선호했던 것이다. 이를 통해 투자비 절감, 빠른 기술 개발, 빠르게 변하는 고객욕구에 대응할 수 있었다. 지금 같은 글로벌 무한경쟁 상황하에서 어떠한 기업도 혼자서 모든 것을 다 하겠다는 사고방식으로는 살아남기 어렵다. 적과의 동침을 통한 상생(相生) 경영만이 유일한 대안인 것이다.

6

자급자족 경영 때문에 망했다

우리나라 기업들은 그 동안 종업원을 채용하여 장기간 고용하는 방식을 사용해왔다. 그리고는 조직이 원활히 운영될 수 있도록 한 기업 안에 생산, 영업, 마케팅, 인사, 연구개발, 물류, A/S, 정보시스템 등 필요한 기능을 모두 보유하는 전통적인 자기완결형 혹은 자급자족형 조직 구조를 갖고 있었다.

이러한 조직은 기업을 둘러싼 환경이 별로 변하지 않았고, 나라 경제가 지속적인 성장을 구가했을 때 특히 규모의 확대와 성장이 이에 따른 비용을 충분히 감당할 수 있었을 때는 유지가 가능했다. 그러나 점점 가속화되는 글로벌 경쟁하에서 이러한 자급자족형 경영방식으로는 엄청난 고정비 부담 때문에 빠른 혁신과 변신을 추구할 수 없게 되었다.

뿐만 아니라 생산시설, 대규모 물류기지, 연수원, 연구소, 영업 및 애프터서비스 조직, 사옥, 정보시스템 등을 기업 내에 독자적으로 보유하기 위해 엄청난 투자를 하였다. 그리고는 이러한 고정자산 때문에 무겁고 느린 조직이 되어 버렸다. 소위 그룹 기업들은 한 그룹 안에 수십여 개의 관련, 비관련 기업을 갖고, 각 기업들이 생산, 물류, 총무, 영업 등 모든 기능을 동시에 다 소유하고 있어 중복 현상을 가속화시켰다. 고비용 저효율 구조 그 자체였다.

고비용 저효율 구조는 이제 우리 경제의 커다란 부담으로 떠올랐다. 전략적 제휴와 아웃소싱 등을 활용하여 가능한 한 고정비 부담을 줄이면서도 강력한 핵심역량을 구축한 세계적인 기업들과의 경쟁에서 굴복하지 않을 수 없게 된 중요한 원인이 돼버린 것이다. 선진국의 초일류 기업들은 이미 1980년대 말부터 아웃소싱(Out-sourcing) 전략을 통해 몸집이 가볍고 스피드와 유연성을 갖춘 조직구조를 갖추고 그들의 경쟁력을 더욱 제고시켰기 때문이다.[5]

예를 들어 선진 식품업체들은 물류분야에 거의 투자를 하고 있지 않다. 왜냐하면 이 분야에서 세계적인 경쟁력을 보유하고 있는 물류 전문기업에게 아웃소싱하기 때문이다. 아웃소싱을 이용하면 물류관련 투자비를 줄일 수 있을 뿐만 아니라, 물류 전문기업 이용을 통해 20% 이상의 경비절감과 물류 스피드를 30% 이상 제고시켜, 대리점이나 슈퍼 등과 같은 고객들의 만족도가 20% 이상 증가하는 효과를 얻을 수 있다. 또한 물류 분야에 들어갈 자금, 인력 등을 자사의 핵심분야, 핵심역량에 집중 투자함으로써 기업의 경쟁력을 더욱 제고시킬 수 있었다.

일본의 닌텐도(Nintendo)는 세계적인 오락기 제조기업이다. 연간 약 십조 원 정도의 엄청난 매출을 올리는 기업이나 종업원은 천명밖에 안 된다. 즉 일인당 매출액이 약 백억 원에 달한다. 우리나라 상황에서 매출 십조 원 정도면 최소한 오만 명 정도의 인력을 고용하고 있어야 할 것이다. 그러면 어떻게 천 명의 인원으로 이 정도의 매출이 가능한가? 바로 자급자족 경영을 버리고 아웃소싱 경영과 제휴 경영을 심화시켰기 때문이다.

닌텐도는 소위 오락기기 및 오락CD 등을 제조하지 않는다. 즉 닌텐도에는 생산기능이 없다. 오로지 부가가치가 높은 게임 소프트웨어 등과 같은 연구개발과 마케팅 분야에 거의 모든 역량을 집중시키고 있는 것이다. 그리고 생산분야는 닌텐도보다 더 훌륭한 역량을 갖춘 생산 전문기업에, 물류는 물류 전문기업에게 맡기고 이들과의 파트너십을 형성해 윈-윈(Win-Win)게임을 하고 있는 것이다.

스포츠용품 업체인 나이키도 신발 만드는 회사가 아니다. 이 회사에는 신발을 자체 제조하는 공장이 없다. 전세계 수많은 신발전문 제조기업에게 생산기능을 아웃소싱하고 있으며, 에어졸(Airsol)이라는 핵심부품만 미국내 자사공장에서 생산한다. 그리고 모든 역량을 디자인, 연구개발 및 마케팅 분야에 집중하여 그들의 핵심역량을 더욱 강화시키면서 초일류 기업으로의 위상을 더욱 확고히 하고 있다.

최근 급격히 변화하는 경영환경과 치열한 글로벌 경쟁에 적절히 대응하기 위해서는 가벼우나 강한 조직이 절대적으로 필요하다. 그러기 위해서 덜 필요한 기능을 이제는 과감히 버려야 한다. 혹 필요한 기능이라 하더라도 모두 자력으로 해결할 필요는 없다. 일부 기능은 그것을 자기보다 더 잘하는 외부에 아웃소싱하고, 여분의 경영자원을 경쟁우위가 있는 핵심분야나 핵심역량에 집중하면 몸은 가벼우면서도 더욱 강한 기업이 될 수 있다.

1990년대 들어 선진국 기업들을 중심으로 한 아웃소싱의 열풍이 거세게 불고 있다. 최근 몇 년 사이에 피터 드러커, 톰 피터스 등 경영학계의 석학들이 잇달아 아웃소싱을 통한 경쟁력 제고 효과를 이론적으로 뒷받침하면서 아웃소싱은 리엔지니어링 이래 가장 광범위한 혁신 전략으로 자리를 잡아가고 있다.

현재와 같은 치열한 경쟁 환경하에서 한정된 자원을 가진 기업이 모든 기능 분야에서 최고의 위치를 유지하기란 거의 불가능하다. 따라서 자신이 수행하는 다양한 활동 중에서 전략적으로 중요하면서도 가장 잘할 수 있는 기능이나 프로세스에 집중하고 나머지 활동을 해당 분야에서 가장 뛰어난 전문기업들에 아웃소싱하여 이들과의 전략적 통합을 통해 경쟁력을 강화해야 한다. 여기서 주의해야 할 사항은 자기 기업의 핵심역량을 지속적으로 강화시켜야한다는 사실이다. 아웃소싱 공급업체나 경쟁사가 쉽게 모방할 수 없는 핵심역량을 강화하지 않은 채 아웃소싱에만 의존하면 심각한 문제를 발생시킬 수 있다.

아웃소싱을 전략적으로 활용할 수 있는 능력을 갖추는 것, 그것은 미래 초우량 기업의 기본 조건이며 지금의 글로벌 경쟁하에서 생존, 성장할 수 있는 유일한 대안이다. 아웃소싱의 열풍이 서서히 불면서 국내 기업들도 아웃소싱을 전략적으로 활용하고 있다. 그러나 아직까지 우리나라의 아웃소싱 형태는 비용 절감형이나 분사형 아웃소싱에 그치고 있다. 그러나 선진국에서는 이미 코소싱형 (Co-sourcing), 네트워크형 아웃소싱으로 아웃소싱을 더욱 고도화시키고 있다.

비용 절감형 아웃소싱이란 오직 비용 절감만을 위해 중요하지 않은 기능을 아웃소싱하는 형태로서 우리나라 기업들이 주로 이용하는 아웃소싱 방식이다. 예를 들어 브렌따노 · 언더우드 · 헌트 등 중저가 제품을 생산, 판매하는 이랜드는 주로 원부자재를 조달해주는 임가공 방식으로 생산을 100% 아웃소싱함으로써 비용을 대폭 절감했다.

분사형 아웃소싱이란 사내에서는 크게 중요치 않으나 나름대로 전문성을 확보하고 있는 기능을 분사화시킴으로써 외부 경쟁에 노

출시켜 스스로 수익을 창출할 수 있게 하는 아웃소싱이다. 즉 분사화된 기업이 모기업에 서비스도 공급하면서 외부 기업과도 거래하는 형태이다. 예를 들어 삼성물산은 최근 사내 총무 및 복지후생 업무를 담당하고 있는 서비스센터를 '(주)편리한 세상'이라는 법인으로 분사화시켰다. 이 같은 분사를 통한 아웃소싱은 업무의 전문화와 함께 인력 구조조정의 한 수단으로도 활용되고 있다.

분사형 아웃소싱으로 자사가 보유한 일정기술, 공정, 제품, 역량 등을 분사 형태로 비즈니스화함으로써 조직을 슬림화하는 경우도 있다. 현대전자의 컴퓨터 사업부문을 분사화시킨 멀티 캡이 좋은 예이다. 현대전자가 컴퓨터사업을 철수한 지 3개월 만에 멀티 캡은 분사화된 독립 기업으로 홀로서기를 하였다.

심지어 경영권까지 아웃소싱하는 기업도 있다. 한화는 한화투자신탁의 지분 20%를 보유하고 있는 미국의 얼라이언스 캐피털사에 한화투신의 경영권 아웃소싱을 단행하였다. 이러한 경영권 위임은 선진금융기법을 도입하기 위해 소유와 경영을 분리하는 일종의 경영권 아웃소싱이다. 이를 통해 한화는 첨단 금융기법 전수, 각종 신상품 개발, 한화증권 외자유치 협력, 한화직원 연수 제공 등과 같은 혜택을 볼 수 있게 되었다.

선진국에서 열풍이 일고 있는 새로운 아웃소싱은 네트워크형 아웃소싱이다. 핵심역량이나 핵심제품 이외의 모든 기능을 아웃소싱하고, 아웃소싱 공급업체와 수평적 네트워크를 형성하여 시너지 효과를 제고시키는 형태이다. 이로써 복수의 주체가 각각 서로의 경영자원을 공유하고 상호보완적으로 활용하는 아웃소싱이다.

네트워크형 아웃소싱은 코소싱(Co-sourcing)이라고 불리기도 하는데, 복수의 주체가 핵심적 분야에 대해 상호 제휴 및 연대를 하면 새로운 부가가치를 창출할 수 있다는 장점이 있다. 또한 활용자와 공급자 과정을 공유하기 때문에 아웃소싱함으로써 발생할 가능성이 높은 의사소통 장애와 견해차를 해소할 수 있어 코소싱은 아웃소싱의 보다 발전된 형태라 할 수 있다.

따라서 우리가 흔히 말하는 네트워크 기업 혹은 가상기업(Virtual Corporation)은 코소싱에 의한 새로운 조직으로 자리잡을 것이다. 가상기업은 참가 기업들이 보유한 연구개발, 제조, 물류, 판매, 자금조달, 총무 등 각각의 전문 기능을 수평적이고 상호보완적으로 연결시킴으로써 보다 더 부가가치가 높은 서비스를 만들어내는 네트워크형 기업으로 정의할 수 있다.

구체적인 예로 미국 텍사스 주의 두발용품 메이커인 탑시테일(Topsy Tail)을 들 수 있다. 이 회사는 1992년 설립된 이래 코소싱을 적극적으로 활용하는 가상기업으로 단 세 명의 구성원이 연간 8억 달러의 매출을 올리는 엄청난 성공을 거두고 있다. 20개 기업과의 섬세하고 치밀한 네트워크를 형성하여 제조에서 판매까지 거의 모든 기능을 아웃소싱하고 핵심역량인 신제품의 개발과 마케팅 전략에만 모든 노력과 자원을 투입했기 때문이다. 탑시테일사의 사장은 아웃소싱이 신규 비즈니스를 시작하는 기업에게 가장 효과적인 방법이라고 강조하고 있다.

위성이동통신 이리듐은 창업에서부터 서비스 준비에 이르기까지 네트워크형 글로벌 아웃소싱을 통해 이 사업을 이끌어왔다는 점에서 21세기 국제적인 사업 모델의 한 전형을 만들었다는 평가를 받고 있다.

한 기업에서 경영에 필요한 모든 것을 개발하고 만들고 서비스하기보다는 분야별로 잘하는 기업에 일을 맡기고 이를 종합함으로써 세계에서 가장 좋은 서비스를 제공한다는 네트워크형 글로벌 아웃소싱이 이리듐 경영의 제1원칙이다.

세계 15개국 20여 개 업체가 주요 주주로 참여한 국제 컨소시엄인 이리듐사는 전세계 기업으로부터 기술, 인력, 자금을 조달해왔다. 이리듐 서비스를 처음으로 구상한 배리 버티거 부사장은 네트워크형 아웃소싱을 통한 세계 기업의 협력이 없었다면 이리듐은 단지 공상에 그쳤을 것이라고 말했다. 실제로 모든 것을 자기 기업에서 다 해결해야 한다는 낡은 경영방식을 고집했다면 네트워크 기업인 이리듐 탄생은 불가능했을 것이다.

치열한 글로벌 경쟁하의 저성장 시대, 고객욕구와 기술이 엄청난 속도로 변하고 있는 지금, 우리 기업들도 핵심역량을 제외한 기업 내의 기능, 부문 등을 이 분야의 전문 기업에게 아웃소싱할 수 있어야 한다. 그리고 이들과 수평적인 협력관계를 통해 고객의 가치를 더욱 제고시킬 수 있어야 한다. 이제 우리도 자신의 핵심역량과 외부 기업의 핵심역량을 조화시켜 기업의 부가가치를 높이는 공생 전략인 윈-윈(Win-Win)게임을 구사해야 한다.

지금 시대에는 어떤 기업도 모든 기능을 혼자서 다 잘 하려는 자기 완결형 경영 혹은 자급자족주의 경영을 해서는 더 이상 살아남을 수 없다. 이제는 아웃소싱이나 전략적 제휴를 통한 파트너와 통합 경영을 추구해야 한다. 아웃소싱과 코소싱을 통해 가벼우나 강한 조직을 구축해야 한다. 이를 위해서 전통적인 사고를 과감히 버리고 제로베이스 발상에서 자신과 경쟁환경을 직시해야 할 것이다.

7

단기업적에 급급해 도산했다

　지금까지 우리 기업들은 어떻게 하면 시장점유율을 많이 차지하고 오래 유지할 수 있을지에만 큰 관심을 기울여왔다. 시장점유율은 한 사업의 전략적 위상을 측정하는 주요한 기준이었다.

　시장점유율에 이처럼 중요한 비중을 두다 보니 경영자들의 관심도 자연스레 단기수익성이나 기존 제품의 시장점유율 증대 같은 단기업적에만 쏠리게 되었다. 어떻게 하면 기존 시장점유율을 경쟁사보다 높일 수 있을까? 어떻게 하면 시장점유율과 단기수익성을 작년보다 크게 만들까? 전사적인 노력이 여기에 집중되었다. 그러니 새로운 기술개발, 인재양성, 핵심역량 강화, 미래의 새로운 기회 탐색 등에는 별 관심을 두지 못했다. 즉 미래를 위한 씨앗을 뿌리는 투자 없이 있는 것만 파먹다가 오늘과 같은 상황을 초래했다.

　마쓰시다전기에서 1983년에 일어난 일이다. 가전사업본부장이 브리핑 차트를 옆에 끼고 헐레벌떡 사장실로 뛰어들었다. 그리고는 의기양양하게 지난 분기의 실적을 보고했다.

"지난 상반기 동안 가전사업본부의 매출액이 20% 신장했습니다. 반면 경쟁 회사인 도시바와 히다치는 10%씩 감소했습니다. 이제는 우리가 가전산업분야에서는 확고한 일등입니다."

가만히 듣고 있던 야마시다 사장은 벌컥 소리를 지르며 사업본부장을 나무랐다. 칭찬을 받으리라 확신하고 있던 가전사업본부장은 왜 야단을 맞았을까?

가전사업본부장은 자기가 열심히 잘해서 자사의 매출액이 성장하고 경쟁사의 매출액이 감소하고 있다고 생각했다. 그러나 이미 경쟁 기업은 가전산업이 포화 상태에 이르러 더 이상 성장이 어렵다고 판단하고 가전산업에서 축적한 핵심역량을 근간으로 탈(脫)가전의 개념이 아닌 초(超)가전의 개념하에 반도체, O/A, F/A, 멀티미디어 등과 같은 첨단 전자 부문으로 주력 사업의 방향을 변경시키고 있었던 것이다. 만약 가전사업본부장처럼 기존의 시장점유율 증대에만 매진을 하다가는 기술환경의 변화 등을 간파하지 못해 사양산업 분야에서 선두주자가 되기 십상이다.

미래 환경변화를 예측하여 어떤 때는 시장점유율을 줄이는 것이 혹은 그 시장을 포기하는 것이 더욱 바람직할 경우가 많이 있다. 우리나라에서도 많은 기업들이 기존 시장점유율 확대 경쟁을 위해 더 많은 시설투자, 인력수급 등을 하다가 그 시장이 성숙되어 사양화되거나, 대체품이 등장하기 무섭게 엄청난 고정비 때문에 몰락하고 있는 경우가 허다하지 않은가.

불연속과 단절의 상황이 가속화되는 오늘날에는 기존 시장점유율 확대도 중요하지만 새로운 기회를 찾아내는 것이 훨씬 더 중요한 전략적 과제가 되고 있다. 기존 시장은 빠른 속도로 대체품, 대체 기술, 고객욕구의 변화 등으로 대체되거나 축소될 것이기 때문이다.

기업들은 이제 새로운 기회를 선점하기 위한 피나는 노력을 해야 한다. 인텔사의 앤디 그로브 회장은 한 인터뷰에서 시간의 80% 이상을 미래를 위한 새로운 기회 포착, 새로운 기술개발 등 전략적인 일에 쏟아 넣고 있다고 말하면서 미래 변화에 대한 안목을 경영자들이 갖추어야 할 가장 중요한 요건이라고 강조했다. 즉 핵심기술, 핵심역량을 바탕으로 폭넓은 기회의 장 안에서 미래 기회들을 선점하기 위한 체제를 구축할 수 있어야 한다는 뜻이다.

우리나라 기업도 앞으로는 단순히 외국 기업의 제품이나 경영방식을 모방하는 정도에 만족하지 말고 전체 구성원들의 창의적 발상, 아이디어와 혁신 마인드를 근간으로 한 지식경영체제를 확립해야 한다. 그래야만 미래의 새로운 기회들을 찾아내어 그것의 활용 가능성에 대한 독자적인 시각과 전략을 개발할 수 있다.

많은 기업들이 새로운 성장 기회를 창출하지 못하는 이유는 무엇인가? 어떤 회사들은 엄청난 투자를 하고도 실패하는데 일부 회사들은 자원 부족에도 불구하고 새로운 기회를 창조하고, 남보다 앞서간다. 어떤 회사들은 뒷걸음질치고 있는 듯한데 일부 회사들은 새로운 기회를 포착하는 레이더망을 소유한 것처럼 보인다. 이러한 차이는 기업들이 각기 새로운 기회를 선점하기 위해 미래의 기회들이 현재와 어떻게 다른가에 대한 충분한 이해를 하고 있을 뿐만 아니라 자신의 핵심역량을 지속적으로 강화하고 있는가에 따라 판가름난다. 때문에 기업들은 각기 미래 경쟁의 형태와 구조가 확실해지기 전에 어떻게 해야 타 기업보다 먼저 경쟁역량 주도권을 확보할 수 있는가에 대해 고민해보아야 한다. 그러기 위해 다음과 같은 질문에 답할 수 있어야 한다.

현재 우리가 가진 지식, 기술, 핵심역량은 과연 무엇인가? 이러한 역량을 이용해 미래의 기회를 포착할 수 있는가? 미래의 기회를 선점하기 위해 우리는 기존 핵심역량에 어떤 새로운 역량을 추가해야 하는가?

미래의 이익 중에서 많은 배당을 얻으려면 필수 핵심역량을 많이 확보하는 게 필수적이다. 그러나 단기 지향적 경영으로는 그러한 역량이 생기지 않는다. 새로운 기회를 포착하여 이에 도달하기 위해 끈기 있고 지속적인 노력이 있을 때만 축적되는 법이다.

8

소유 경영자의 무능하고
낙관적인 경영으로 망했다

우리나라 기업들은 늦어도 1990년대에 들어와서는 경영의 프로 인 전문경영자들을 대거 등장시켜 선진 경영시스템을 구축했어야 했다. 그러나 여전히 오너 경영시스템을 유지하다 망했다.

모두가 인정하는 대기업에 상장기업이라 할지라도 우리 기업들 대부분은 견제장치가 없어 총수 혼자서 마치 개인 회사처럼 독단 적인 의사 결정을 일삼았다. 당연히 총수 한 사람의 능력 여하에 따라 기업의 성장과 몰락이 결정되었다.

창업자의 경우 회사를 세운 뒤 여러 가지 고초를 겪으면서 기업 을 키워왔기 때문에 수십년간 축적된 경영 노하우가 있었다. 그리 고 당시는 환경변화가 그다지 심하지 않았기에 창업자의 혜안과 직관에 근거한 경영이 나름대로 맞아떨어졌다.

그러나 1980년대 이후 격동하는 글로벌 환경하에서 전문경영

능력과 실무 경험도 부족한 2세 총수들이 창업자 시대와 똑같은 독단경영을 했다는 데에 문제가 있었다. 또한 대부분의 2세 경영자들은 본인 스스로 뭔가 새로운 사업을 일으켜 선친의 그늘에서 벗어나고자 했다. 창업주가 물려준 기업을 수성하는 것은 본전이라며 자신의 경영능력을 입증할 새로운 창업 분야를 찾아 헤맸다. 시멘트 재벌 2세가 자동차, 정보통신 등과 같은 산업에 뛰어들고, 주류 재벌 2세가 유통, 건설, 정보통신 등에 무모하게 진출했던 것이다.[6]

결과는 참담했다. 요즈음 많은 사람들이 2세가 경영하는 기업들이 대부분 망했다고 성토할 정도로 실제 성공사례가 극히 드물다. 어쩌면 경험도 부족한 젊은 총수가 지금의 치열한 글로벌 경쟁하에서 수십 개 기업 모두를 혼자서 잘 경영하리라고 보는 게 오히려 잘못된 믿음일 것이다.

뿐만 아니라 2세 총수들은 전문경영인을 믿지 못해 이들에게 권한을 보장해주지도 않았으며, 툭하면 바꾸어버리는 인사를 단행했다. 따라서 월급쟁이 사장에게 주인의식이 생길 리 만무하며, 자주 교체되니 전문가가 될 수 없고, 권한이 없으니 중장기 관점에서 소신 있는 경영을 할 수도 없었다. 더욱이 대마불사라는 배짱으로 상호지급보증을 통해 마구잡이로 비관련 산업에 진입하여 일단 규모를 키웠다. 그러면서 지금은 어려워도 조금만 참으면 다 잘될 거라고 생각하면서 주먹구구식 경영을 했다.

전문적인 경영지식과 실무 경험을 갖추지 못한 2세 경영자들이 창업자와 비교해 대외에 능력을 과시하기 위해 단기차입, 상호지급보증 등을 통해 끌어들인 엄청난 자금으로 비관련 다각화를 추진했다가 결국 기업의 파국뿐만 아니라 국가의 파국까지 몰고 왔다. 이러한 사태의 재발을 막기 위해 이제는 재벌 총수의 독단으로부터 기업을 보호할 장치가 시급히 갖추어져야 한다. 사외이사 제도 등을 통해 투자 결정 과정이 보다 객관적이고 투명해져야 하며 내부 및 외부 자금의 오용을 막기 위한 제도도 강화되어야 할 것이다. 또한 기업가적 능력을 겸비한 전문경영자들이 보다 많은 권한을 갖고 기업 경영에 참여해야 한다.

일본의 유통왕인 다이에이 나카우치 회장은 후임으로 장남 대신 아지노모토 사장 출신의 전문경영자를 발탁했다. 전문경영인으로 부족함이 없는 아들을 제쳐놓은 데 대한 그의 대답은 짤막했다.

"이제는 가업을 물려주는 그런 시대가 아니다. 그건 본인을 위해서도 좋지 않다."

치열한 유통전쟁을 헤쳐 나온 백전노장도 시대의 변화는 거스를 수 없었다. 그는 지금은 이미 과거의 연장선상에 있지 않다며 세상이 변한 것을 사원들에게 행동으로 보여주고 싶다는 말을 함께 남겼다.

9

오만방자해서 결국 쓰러졌다

한 사람의 인생에도 크고 작은 위기가 수없이 찾아오듯 기업도 그 생애 동안 여러 차례 위기를 맞게 된다. 언제가 가장 큰 위기일까? 매출이 부진하고 수익이 떨어져 형편이 어려울 때일까? 아니다. 기업에 있어 가장 큰 위기는 그 기업이 가장 잘 나가고 있을 때 싹이 튼다.

지금 몰락한 많은 기업들이 갖고 있는 가장 큰 특징 중의 하나는 기업이 잘 나갔을 때 최고경영자 이하 대다수 구성원들이 오만방자했고, 계속 잘 나갈 것이라 착각하여 신기술 개발에 무관심했으며, 고객을 무시했다는 점이다. 심지어 예전에는 고객들에게 열심히 매달리던 영업사원조차 제품이 그런대로 잘 팔리자 자세가 흐트러지면서 고객에게 오만한 작태를 보였던 것이다.

어떤 중역이 들려준 경험담이다. 1990년대 초 이 기업의 제품이 너무나 잘 팔려 돈을 가마니로 쓸어 담을 정도였다. 따라서 모든 구성원들이 매출 성장에만 열을 올리고 있었다. 그러나 이 중역은 안심하지 않고 입바른 건의를 했다.

"사장님, 지금은 이 제품이 잘 나가고 있지만, 미래를 위한 신제품 개발을 해야 합니다."

그 회사의 사장은 이 말을 귀담아 듣지 않았다.

"김 상무, 당신 지금 정신이 있는 사람이야? 아니 지금 제품이 없어서 못 팔 지경인데, 쓸데없는 생각 말고 하던 일이나 열심히 하시오!"

이 기업은 5년 뒤 신제품, 신기술에 밀려 결국은 망하고 말았다.

마쓰시다전기의 야마시다 사장은 1980년대 초 사장으로 취임하면서 기업에서 가장 큰 실수와 잘못은 호경기 때, 기업이 잘 나갈 때, 경영자들과 관리자들이 오만해질 때 일어난다고 갈파했다. 일단 기업이 성공을 구가하게 되면 구성원들 사이에 성공에 안주하려는 분위기가 조성되고 그러다 보면 새로운 도전이나 모험을 꺼리게 된다. 결국 구성원들의 긴장이 느슨해지면서 열정이 떨어진다. 바로 이것이 위기의 시작인 것이다.

야마시다 사장은 다음과 같이 자기 회사의 상황을 얘기했다.

"가전제품은 일찍이 3종의 신기(神器)라 불리는 TV, 냉장고, 세탁기를 비롯하여 청소기, 전기밥솥, 에어컨 전자레인지로 성장해 왔습니다. 그래서 가전제품 분야에서는 얼마든지 새로운 것이 나오리라는 착각을 하곤 합니다.

제가 사장이 되었을 때 가전제품의 최고 상품이라면 단연 컬러 TV였습니다. 2위는 컴퓨터, 그 다음으로 녹음기, 에어컨, 냉장고 순이었죠. 이처럼 상위를 차지하는 것이 모두 가전제품이었기 때문에 그러한 착각을 일으키는 것도 무리는 아니었다고 봅니다.

당시 보급률이 50% 이하이던 가전제품이라곤 비디오나 전자레인지 정도였습니다. 비디오는 겨우 물건다워진 시기였으며 전자레인지도 거의 초기 개발 단계를 면치 못하고 있었습니다. 그러나 각 가정을 둘러보니 더 이상 가전제품이 차지할 자리가 남아 있지 않았습니다. 비디오 다음에는 과연 무엇이 나올까 생각하니 별로 두드러지는 것이 없더군요."

이로 인해 야마시다 사장은 위기감을 느낀 것이다. 실제로 그 뒤의 변화를 보아도 1984년 가전업계의 최고 상품은 컴퓨터로 바뀌었고 이하 반도체, 비디오, 컬러 TV의 순이다. 뿐만 아니라 컴퓨터나 반도체는 판매액의 단위가 매우 다르다. 컴퓨터는 이제 모든 가전제품에 포함되어 있으며, 특히 IC가 가전제품에서 차지하는 비중은 계속적으로 증가하여 왔다.

예를 들면 워드프로세서의 50%가 IC로 되어 있고, 비디오도 30%는 IC를 사용하고 있다. 이러한 것은 누구나 알고 있는 사실이다. 그러나 현실적으로 가전제품 분야에서 계속 성공하여 그 매출 규모가 점차 늘어나고 있는 상황에서는 이런 말들이 사업부 사람들에게 잘 들리지 않는 법이다.

야마시다 사장은 성자필쇠(盛者必衰), 즉 자만하는 자 오래 가지 않는다는 말을 가슴에 새기고 승리 후 투구의 끈을 더욱 조여야 한다는 각오로 기업이 잘 나갈 때, 그래서 아무도 변화의 필요성을 느끼지 못할 때, 강력한 개혁을 단행하였다. 기업이 잘 나갈 때는 여력이 있으므로 이때가 사업구조 조정 등의 개혁을 전개해 나갈 적기인 것이다.

GE의 잭 웰치 회장이 왜 전세계 모든 경영인들의 존경을 받고 있는가? 웰치 회장은 누구보다 먼저 위기의식을 갖고 오히려 기업이 잘되고 있는 상황에서 기업의 과감한 변신을 성공적으로 이룩했기 때문이다.

웰치 회장이 취임한 1981년을 돌이켜보자. 당시 GE는 40만 4천 명의 구성원으로 270억 달러 규모의 매출과 18억 달러의 순이익을 올리고 있었다. 그리고 기관차와 터빈, 핵발전 사업분야에 밀린 주문만도 280억 달러에 달해 표면상으로는 밝은 전망을 보여주고 있었다.

그러나 웰치 회장은 GE가 지금은 잘 나가고 있으나 장기적 관점에서는 매우 심각한 문제가 있다고 판단하였다. GE가 독점해온 전통적인 사업은 경쟁력이 서서히 약화되는 반면에, 성장률이 높은 신규 사업들은 회사의 전체 수익에 기여하는 비중이 낮을 뿐만 아니라 장기전망도 불확실한 상태에 놓여 있다고 생각했다. 대부분의 구성원들은 이러한 문제점을 의식하지 못하고 계속되는 외형성장 속에서 소위 GNP 회사에 안주하는 무사안일한 태도를 보이고 있었다.

웰치 회장은 이러한 증상에 매우 심각한 위기감을 느끼고 있다가 취임 즉시 자신의 비전과 회사의 전략 방향을 명백히 제시하면서 획기적인 변신 전략을 펼쳐 나가기 시작하였다. 40만 4천 명 중 12만 명의 인원을 잘라냈으며, 본사 부분은 60%의 인원을 줄였다. 그리고 잘 나갈 때, 나름대로 여력이 있을 때 대대적인 사업구조조정을 하여 가전 중심에서 첨단기술 중심 기업으로 변화시켰다.

GE는 《비즈니스 위크》지가 기업의 시장가치를 기준으로 평가한 미국의 1000대 기업 중 1위를 차지한 초우량 기업으로 선정되었다. 탁월한 경영자의 안목과 결단이 기업의 활로를 새롭게 열어놓은 것이다.

기업은 주력제품으로 성공하고 있을 때 미래 지향적인 전략 마인드를 갖고 새로운 기술, 제품 및 시장 개발 노력을 해야 하며, 모든 구성원들이 현재의 사업과 수익에만 만족하여 무사안일에 빠지지 않도록 독려해야 한다. 왜냐하면 경영이란 현재의 수익을 관리하는 것이 아니고 현재의 수익과 미래 수익의 균형을 맞추는 일이기 때문이다.

현재의 상황을 즐기다가 추운 겨울이 오자 얼어죽은 베짱이 꼴이 되지 않기 위해서는 기업이 잘될 때 경영자들이 장기적인 전략 마인드를 갖고 모든 구성원에게 건전한 위기의식을 불러일으켜야 한다. 지금 몰락하고 있는 대부분의 경우가 제품이 잘 팔리고 기업이 성장하고 있을 때가 위기의 시작이라는 생각을 하지 못해 구성원들에게 건전한 위기의식을 불어넣지 못한 기업들이다.

기업이란 결코 영원한 존재가 아니다. 기업이란 환경 변화에 어떻게 대응하는가에 따라 몰락도 하고 성장도 하는 실체인 것이다. 현재 기업이 잘될 때 전략 마인드를 갖고 환경 변화, 경쟁사의 동향, 고객의 욕구변화 더 나아가 구성원들의 사고 변화 등에 민감하게 대처해야 한다.

몇 년 전 창업 15년 만에 매출 규모를 3,000억 원 정도로 키운 중견기업의 창업자가 들려준 이야기다.

이 회사는 초창기 매출부진, 자금상의 애로 등으로 엄청난 고초를 겪어야 했다. 은행돈을 차입하기 위해 구걸하듯이 다닌 적이 한두 번이 아니었다. 그러나 10년 전부터 전사원의 피나는 노력으로 매출도 급성장하고 수익도 좋아지기 시작했다. 1995년경에는 매출 규모가 약 2,500억 원 정도에 부채도 많이 줄어 약 100억 원 정도의 현금을 은행에 예치시켜 놓을 정도가 되었다.

상황이 이쯤 되니 이 젊은 사장은 '야, 매출성장도 잘되고 기업도 이 정도 키워놓았고 은행에 현금도 두둑하니, 이만하면 됐다!'는 생각이 들더라고 했다. 그러나 이런 생각을 단 한번도, 어떤 임직원에게도 내색한 적이 없었다. 그런데 놀랍게도 사장인 자신이 이런 생각을 하자 중역들도 덩달아 같은 생각을 하는 듯했고, 급기야 대부분 구성원들의 정신 상태가 모두 비슷해지는 것 같은 느낌을 받았다고 했다. 그러더니 급기야 매출 성장이 서서히 하향곡선을 그리기 시작했다.

그는 이때 사장의 마음 상태가 어느 순간 모든 직원에게 빠르게 전파된다는 사실을 절감했다. 그래서 다시 한 번 신발끈을 조이고, '사나이로 한 번 태어났으니 세계적인 경쟁력을 보유하는 초일류 회사를 만들어야 하지 않겠느냐'고 다짐하고 새로운 일거리를 찾았다. 기술개발, 신규투자 등 새로운 일거리를 찾아 여기에 몰두하면서 구성원들을 독려하니 다시 기업 분위기가 활성화되고 매출이 확대되기 시작했다.

일본전기(NEC)의 회장인 고지 고바야시는 불안정해 보이는 기업들이 장기적으로 가장 안전하며, 안정되어 보이는 기업들이 사실상 가장 불안정하다고 말하고 있다. 어떻게 보면 역설적으로 들리겠지만 참으로 의미 있는 말이다.

어떤 기업의 종업원들은 경쟁이 심하다, 기술 변화가 너무 빠르다, 첨단 기술을 개발하기 힘들다, 고객들이 무리한 가격 인하를 요구한다는 갖가지 불평을 늘어놓아 문제점이 많은 불안정한 기업처럼 보인다. 그러나 이러한 기업들은 상황이 더 이상 악화되기 전에 이를 해결하기 위해 무엇인가 노력을 한다. 시간이 흐름에 따라 상황은 호전되어 적어도 낭떠러지에 몰리는 일은 발생하지 않는다. 그러다가 상황이 호전되었다고 생각되는 시점에 새로운 기업이 시장에 참여하고 시장 상황은 다시 불리하게 전개된다. 그 순간 새로운 긴장 상태가 나타나고 기업은 다시 상황을 호전시키기 위한 방법을 모색한다. 이러한 과정이 무수히 반복되면서 조직은 학습을 통해 핵심역량을 지속적으로 축적하게 되는 것이다.

안정적으로 보이는 기업의 경우는 어떠한가. 이런 기업들은 많은 노력을 기울이지 않고도 안정적인 수익을 올릴 수 있다. 종업원들은 이렇게 안정된 기업에서 일하는 것에 만족해서 혁신과 도전보다는 복지후생이나 연공서열에 따른 평생직장 보장에 대해서만 관심을 갖게 된다. 현재 상황에 대한 걱정거리가 별로 없어 보이는 기업들이다.

그러나 불행하게도 그런 좋은 상황은 오래 가지 못한다. 경영 상태가 안정적이든 불안정적이든 모든 기업은 조만간 주위 환경의 변화에 직면하게 되고, 안정적인 상황에만 익숙해진 기업은 급변하는 환경에 대응할 수 없게 된다. 결국 환경 변화가 점점 격심해져 누구도 이를 무시할 수 없다는 것을 깨닫게 되지만 그때는 구성원 어느 누구도 변혁을 추진할 수 있는 능력이 없기 때문에 도산을 면치 못하게 되는 것이다.

우리나라가 IMF 관리체제하에 들어간 것도 사실은 정부, 기업, 국민들 모두가 잘 나갈 때 건전한 위기의식을 느끼지 못하고 오만방자했기 때문이다. 정부는 정부대로 OECD라는 부자클럽에 서둘러 들어가 방자함을 노출시켰으며, 기업들은 자존심 경쟁으로 비관련 다각화를 통한 외형 확대 경쟁을 도모했었다. 또한 전국민이 해외 나들이에 나섰다. 우리 여행객들이 해외에 나가 중국 사람, 연변 조선족, 태국인들 앞에서 얼마나 흥청거렸는지 겸손하게 돌이켜보라.

지금은 국민소득이 6천 달러밖에 안 된다. 싱가포르 3만 달러, 대만·홍콩 1만 8천 달러에 비교할 바가 아니며, 국가경쟁력이 중국, 말레이시아만도 못한, 중진국 중에서도 후발국가로 뒤처지는 결과를 우리 스스로 초래하고 말았다. 잘 나갈 때 건전한 위기의식을 갖고 미래를 대비해야 한다는 교훈은 참으로 비싼 대가를 치르고 얻은 것이다. 다시는 잊지 말아야 할 교훈이다.

10

다단계 조직 때문에 가라앉았다

우리나라 기업들은 대부분 수직적인 피라미드 조직 구조를 갖고 있으며 의사결정 권한이 상층부에 집중되어 있다. 주요 현안들이 이러한 복잡한 단계를 거쳐 수뇌부를 돌아서 다시 내려오는, 전형적으로 관료화된 의사결정 체계를 유지했다. 결재 단계가 복잡할 뿐만 아니라 쓸데없는 회의가 많아 의사결정의 속도가 갈수록 지연되었다. 따라서 새로운 기술개발이 늦어지고 고객욕구 변화에 대한 대응이 늦어지게 되었다. 이러다가 가라앉은 것이다.

경쟁이 심하지 않고, 기술변화, 고객욕구 변화가 심하지 않았던 과거에는 나름대로 통용되었으나 이러한 수직적 조직 체계, 복잡한 의사결정 체계를 가지고는 지금 같은 무한경쟁에서 이길 수가 없게 되었다.

돌풍 같은 환경 변화 앞에서 기업 경쟁력의 가장 중요한 원천은 스피드(Speed)이다. 의사결정의 스피드, 부문간 정보교류의 스피드, 빠른 기술개발, 고객접점에서 즉각적인 고객 서비스 등이 가장 중요한 경쟁력의 원천이 되고 있다. 이제는 대기업도 소기업 같은 스피드와 유연성을 갖추지 않으면 도태되는 시대가 도래했다.

최근 일본에서 각광을 받고 있는 경영기법이 바로 속도경영(MBS: Management By Speed)이다. 스피드를 통해 품질 제고, 기업 이미지 제고, 고객가치 창조를 할 수 있다면서 이에 총력을 기울이고 있는 것이다.

우리 기업 조직이 관료화되고 의사결정 단계가 복잡해지자 조직의 한 귀퉁이에 안주하면서 무사안일하게 행동하는 사람들이 우후죽순처럼 등장했다. 이들은 문제가 생기면 나만 도장 찍었냐고 얘기하면서 책임을 회피하기 일쑤였다. 오늘도 무사히, 월급쟁이는 몸조심이 최고라는 생각으로 연공서열에 따른 평생직장만을 부르짖었다.

이토록 관료화된 조직을 갖고 기업 경영을 했으니 어찌 몰락하지 않을 수 있겠는가? 민간 부문보다 정부 조직이나 공기업에서 그 정도가 더욱 심했다. 그러나 점차 사회가 갈수록 투명해지고 있어 이러한 부류의 사람들은 점차 발붙일 데가 사라지고 있다. 정보 네트워크 구축, 고도의 업적 평가기법이 계속 개발되는지라 조직의 어느 계층에 숨어 있어도 투명하게 모든 것이 다 보이기 때문이다. 이제부터는 능력만큼 인정받고, 승진하고, 보상받는 시절이다.

더구나 조직이 투명해지고 정보화가 심화될수록 고참과 신참의 차이가 없어지게 된다. 과거에 고참들의 파워는 그들의 정보 독점에 있었다. 이따금 '고급' 정보들을 부하 직원들에게 흘려보내면서 그들의 힘을 과시하곤 했다. 그러나 지금 같은 투명한 정보혁명 시대에는 고참인 부장이나 신참인 대리나 웬만한 정보는 같이 공유하게 되었다.

만약 어떤 문제가 발생했다고 가정해보자. 고참은 캐비닛에서 옛날 문서를 뒤지면서 이의 해결책을 찾는다. 반면, 신참인 대리는 이것을 해결하기 위해 혼자 새로운 발상도 해보고 때로는 여러 직원들과 대안을 모색해보기도 한다. 그리고 이에 필요한 정보를 찾기 위해 정보기술을 이용해 관련정보를 다각적으로 수집한다. 과연 누가 더 올바른 해결안을 찾아내겠는가?

지금의 투명한 사회에서 고참과 신참의 차이가 없어진다는 사실은, 다시 말해 이제는 능력 없는 고참이 더 이상 발붙일 데가 없다는 뜻이다. 생각해보라, 당신이 회사 사장인데 월급을 두 배 이상 받는 고참이 신참보다 특별히 잘하는 게 없으면 어떻게 하겠는가? 고참에게 퇴출이란 불명예를 안겨주려고 할 것이다. 과거에는 은행지점장을 50대가 맡았는데, 요즘에는 40대로 낮아졌으며, 30대 지점장도 속속 나타나고 있다. 은행지점장의 역할이 과거와 현저나게 달라졌기 때문이다.

앞으로는 누구도 경력만 믿고 버틸 수 있는 시절이 아니다. 자기 계발을 하지 않고 근속년수나 연공서열에 매달리며 평생직장을 외치는 고참이 살아남을 길은 어디에도 없다. 평생직장이란 개념이 사라진 지 이미 오래다. 이제는 모든 구성원이 끊임없이 자신의 일을 개선, 개혁하여 새로운 부가가치를 창출할 수 있어야 한다. 이러한 사람들은 현재의 직장뿐만 아니라 어디서든지 새로운 가치를 창출할 수 있기 때문에 정년을 넘어서도 평생고용이 가능하다. 평생직장이 아니라 평생고용의 개념하에 언제든지 직장을 박차고 나갈 수 있는 능력을 갖추어야 한다.

공부하지 않는 고참, 능력을 계발하지 않아 실력이 떨어지는 고참은 패기 넘치는 신참한테 밀리지 않을 수 없다. 컴퓨터 및 정보 기술만 해도 신참이 잘 다룬다. 외국어도 빨리 배운다. 눈이 휘둥그레질 정도로 참신한 발상을 하는 데도 신참이 유리하다. 더 중요한 사실은 능력을 계발하지 않으면서 능력 있는 척해도 아랫사람은 다 알고 있다는 점이다.

한편 다단계 조직의 병폐를 고치기 위해 1990년대 중반부터 우리 기업들이 유행처럼 앞다투어 도입한 제도가 있다. 바로 팀제이다. 지금은 팀제를 도입하지 않은 기업을 찾아볼 수가 없을 정도이다. 과부장 제도를 쓰면 마치 한물 간 기업처럼 보이기 때문인지 몰라도 형식상으로는 거의 모든 기업이 팀제를 활용하고 있다.

그러나 팀제가 제대로 정착된 기업은 찾아보기 어려운 실정이다. 도대체 팀제가 무엇인지, 왜 도입해야 하는지에 대한 공감대가 형성되지 않은 상태에서, 나아가 팀장은 과연 어떠한 역할을 해야 하며 팀장과 팀원간의 역할 분담은 어떻게 하고, 팀장에게 얼마만한 권한을 주어야 하는지에 대한 진지한 고민 없이 도입되었기 때문이다. 그리고 다양한 팀제 종류 중에서 어떤 팀제가 우리 기업에게 맞는지에 대한 정확한 분석도 하지 않은 상태에서 경쟁기업이 혹은 관련 기업들이 팀제를 도입하니 덩달아 팀제를 도입했기 때문이다.

팀제가 아직까지도 제대로 정착되고 있지 않지만 팀원 → 팀장 → 본부장 → 사장 순으로 의사결정 단계를 단축시킨 점에서는 그 공헌한 바가 크다 하겠다. 그러나 정말로 강조하고 싶은 사항은 팀장의 역할이다. 팀제를 농구팀과 비교해보자. 팀장은 누구에 해당될까. 감독? 코치? 주장? 대부분 감독이나 코치라고 생각하기 쉽다. 하지만 필자의 견해로는 팀장은 주장의 역할을 해야 한다. 주장은 무엇을 하는 사람인가? 우선 팀원들과 게임을 하면서 같이 땀을 흘린다. 같이 뛰면서 팀원들을 리드하고 격려한다. 그러나 주장의 역할은 이것으로 끝나서는 안 된다. 정말로 중요한 역할은 골의 30% 이상을 주장이 넣을 수 있어야 한다는 사실이다. 이래야 팀원이 열심히 따르지 않겠는가? 즉 실력이 없는 주장은 더 이상 주장으로서의 자격이 없는 것이다.

팀장은 플레잉 매니저(Playing Manager)의 역할을 해야 한다. 스스로 행동하고 실천하면서 부하들을 이끌 수 있는 능력이 있어야 한다. 하지만 애석하게도 우리나라 기업에는 이러한 플레잉 매니저로서의 팀장보다 관리형, 통제형 팀장이 많다. 자기 혼자 회전의자에 앉아서 '열심히 해! 이래서 이거 되겠어!'라고 말로만 외치는 팀장이 너무 많다.

요즈음 고참 부장들, 팀장들이 필자에게 이런 우스갯소리를 한다. 옛날 대리 시절에 부장님을 모실 때 회전의자에 앉아서 감독이나 하던 모습이 참 편해 보였는데, 이제 자기도 부장이 돼서 좀 편해보려 하자 함께 뛰라고 하니 죽을 맛이라고. 이때 필자는 그들에게 좋은 시절은 다 지나갔다고, 앞으로 그런 시절이 다시는 돌아오지 않을 거라고 해주었다. 그러면서 다음과 같은 얘기를 들려주었다.

"제가 대학교수지만 교수 좋던 시절도 다 지나갔습니다. 5년, 10년 된 누런 강의 노트 가지고 강의한다는 것은 호랑이 담배 먹던 시절 얘기고, 수업시간에 5분 늦게 들어가서 5분 일찍 끝내거나, 이따금 휴강을 한다는 것도 있을 수 없는 일입니다. 어디 그뿐입니까. 교수도 계약직으로 해서 일정기간 지난 후 평가하여 재임용되고 재임용된 이후에도 엄격한 교수업적 평가를 통한 연봉제를 실시하고 있습니다. 특히 외국처럼 학생들의 교수평가제도가 도입되어 한 학기가 끝나면 반드시 학생들에게 강의 평가를 받게 돼 있습니다. 교수 좋던 시절도 이제는 옛말입니다."

과거처럼 느슨해도 먹고 살 수 있었던 시절은 지나갔다. 사회 모든 분야가 제자리를 잡아 나가고 있는 것이다. 이러한 의미에서 1998년 3월에 발표된 맥킨지 보고서대로 IMF 관리체제에 들어간 지금이 한국의 경제 체질을 선진화할 수 있는 일생일대의 기회이며, 신이 준 축복이라는 말을 가슴 깊이 새겨야 한다.

11
남의 탓만 하다가 망했다

IMF 관리체제에 들어간 지 벌써 1년 4개월이 지났다. 외환보유고가 500억 불을 넘어 국가 부도라는 위기 상황은 탈출한 것 같으나 아직도 위험요소는 산재해 있다. 특히 타성으로 굳어진 그릇된 의식이 큰 문제이다.

우리에게는 수많은 기업이 쓰러지고 200만 명 정도의 실업자가 발생할 정도로 국가 위기 상황인데도 못 고친 고질병이 있다. 남의 탓만 하는 병 말이다. 이것 때문에 우리 기업이 망했다 해도 과언이 아니다.

최근 들어 정부, 기업인뿐만 아니라 언론매체에서 이구동성으로 글로벌 시대, 정보혁명 시대, 불확실성의 시대, 변화의 시대라고 떠들어댄다. 따라서 제2건국운동을 해서라도 국민들의 의식을 개혁해야 한다, 우리가 변하지 않으면 살아남지 못한다고 얘기들을 한다. 최소한 모든 사람들이 변화의 필요성을 인지하고 수용하고 있다. 그러나 대부분의 사람들이 아직도 총론 차원에서만 변화를 수용하고 있다.

이러한 변화의 물결이 자기 부서, 자기 과, 자기 자신에게 닥쳐 오면 갑자기 딴소리를 한다. 우리 부서는 괜찮은데, 우리 과는 별 문제가 없는데, 나만은 예외라고 얘기하면서 엉덩이를 뒤로 쑥 빼 놓고 저기 윗 양반들이 변해야 한다고, 당신 부서가 문제라고 남의 탓만 해댄다. 우리나라 많은 기업들이 오래 전부터 혁신운동을 시도했으나 대부분 실패로 끝났던 이유가 바로 여기에 있다.

2년 전 우리나라 독서계를 강타했던 유명한 책이 있다. 지난 2년 동안 사회과학부문 부동의 베스트셀러였던 책으로 스티븐 코비 박사가 쓴 『성공하는 사람들의 일곱 가지 습관』이다. 코비 박사는 이 책에서 성공하는 사람의 7가지 습관을 제시하면서 제일 첫번째로 주도적인 사람이 성공할 수 있다고 역설하고 있다.

그러면 주도적인 사람은 어떤 사람인가?

주도적인 사람은 자기의 사고를 먼저 바꾸어 행동으로 보여주는 사람, 그래서 외부의 사람들에게 영향을 미쳐서 이들을 바뀌게 하는 사람이다. 중요한 사실은 자신이 먼저 바뀌지 않으면 절대로 다른 사람을 변화시키지 못한다는 점이다. 주도적인 사람은 먼저 자기의 사고를 바꾸고 행동으로 실천함으로써 주변 사람들을 변화시켜나가는 사람이며, 이러한 사람이 성공하며, 그가 바로 리더가 된다는 것이다.

모 기업의 차장이 필자에게 들려준 이야기이다.

그에게는 중3짜리 아들이 한 명 있다고 한다. 그런데 아이의 성적은 반에서 거의 꼴찌를 맴도는 수준이어서 이 사람은 항상 그것이 걱정거리였다. 어느 날 하루 모처럼 일찍 퇴근하여 집에 들어와 보니 아들 녀석이 공부는커녕 TV에만 정신을 팔고 있기에 "아들아! TV는 30분만 보고 들어가서 공부하거라."라고 얘기하고 나서 30분 후 거실에 와보니 아들은 여전히 TV에 빠져 있었다. 한 시간을 기다리다 더 이상 참지 못한 이 차장은 "야, 이 녀석아, 그만 들어가 공부하지 않을 거야!"라고 소리를 버럭 지르고야 말았다. 아들은 그제야 마지못해 자기 방에 들어갔다.

이러한 아들의 모습을 본 아버지는 애처롭기 짝이 없었다. 중3이면 한참 운동도 하고 열심히 놀 나이라고 생각하면서 밖에 나가 아들이 좋아하는 빵, 초콜릿 등을 잔뜩 사 들고 아들의 방문을 열어보니, 아들녀석이 책상에 엎드려 자고 있었다. 그 순간 화를 버럭 내면서 그는 "이 녀석이 TV 볼 때는 눈이 말똥말똥하더니 공부하라니깐 잠만 자! 얼른 가서 세수하고 와!"라고 소리를 질렀다. 아들에 대한 애틋한 마음은 사라지고 화만 나더라는 것이다. 그래서 일찍 들어오는 날마다 새벽 한 시까지 공부를 시켜봤는데도 성적은 그대로였다.

그는 아들을 너무 강압적으로 대한 것 같아 미안한 마음도 들고 해서 공부시키는 방법을 바꿔보았다. 아들을 품에 꼭 안아주면서 "야, 이 녀석아 네가 우리집 장손이다. 아빠가 너를 얼마나 사랑하는지 아니? 우리 한번 열심히 해보자."라고 격려를 해주었다. 그래도 성적은 반에서 바닥이었다.

여러모로 궁리한 끝에 그는 남들처럼 아들에게 영어, 수학 과외 공부를 시켰더니 월 80만 원씩 경비가 들었다. 차장 월급에서 과외비로 매달 80만 원이 빠져나가니 이것도 보통 문제가 아니었다. 그는 어쩔 수 없이 아들 과외비에 보탤 요량으로 남들이 아무도 안 보는 새벽에 우유배달을 하기로 결심했다. 새벽 4시에 일어나 우유배달을 하려 들자 자기 나이에 우유배달을 해야 한다는 사실에 아들이 원망스럽기도 하고 자신이 처량하다는 생각도 들어 영 괴로웠다. 하여간 한 달 동안 우유배달을 해보았으나 너무나 힘들고 동네 사람들이 알까 봐 창피하기까지 했다.

그러던 어느 날 생각을 확 바꾸어보았다. 그래 남들은 돈 내고 새벽에 골프 연습하고 스포츠센터에 다닌다는데, 이왕 하는 것 운동 삼아 즐겁게 하자고. 그렇게 우유배달을 하기 시작하자 세상에 그 힘들던 우유배달이 오히려 즐겁더라고 했다. 노동과 운동의 차이가 무엇인가? 세상만사 마음먹기 나름이라는 말이 있지 않은가.

몇 달 동안 운동 삼아 배달을 해보니 건강도 더 좋아지고, 새벽을 가르며 달리는 중에 새로운 아이디어가 마구 떠올랐다. 게다가 기가 막히게 좋은 일이 생기기까지 했다. 그것은 다름아닌 아들의 변화였다.

어느 날 아들녀석이 "아빠, 힘드시죠! 제가 좀 도와드릴까요?" 하더라며, 새벽에 아들과 함께 뛰니 너무 좋았다고 했다.

"야, 이 녀석아! 새벽에 일어나긴 힘들어도 참 좋지? 아침 일찍 일어나는 새가 먹이를 많이 잡아먹는 법이야!"

다정한 대화를 나누며 부자간의 정도 더욱 깊어졌다.

아들은 몇 번이나 아빠를 도와주었다고 한다. 그런 후 아들의 공부 자세가 달라지기 시작했다. 아빠가 저렇게 고생하시면서 과외 공부를 시켜주시는 거구나, 그런데 아빠는 힘든 내색은커녕 즐겁게 우유배달을 하시는구나! 아들이 그런 생각을 한 모양인지 과외 공부를 열심히 하려는 모습이 눈에 보였다고 했다.

그가 우유배달을 시작한 지 6개월째, 아들의 성적이 바닥 수준에서 중간까지 올랐다. 그러면서 그는 "우유배달 평생 할 겁니다!" 라는 말을 했다. 우리는 이 사례에서 다음 두 가지를 배울 수 있다.

첫째, 사고의 변화가 커다란 행동의 변화를 낳았다. 그렇게 힘들고 남 보기에 창피했던 우유배달이 이왕 하는 것 운동 삼아 하자고 다르게 마음먹으니 노동이 오히려 운동이 되었다.

둘째, 자신이 먼저 바뀌어야 남도 바뀐다. "열심히 공부해 ! 아들아, 아빠는 너를 사랑한다."는 말을 아무리 해도 전혀 변화의 기미를 보이지 않던 아들이 아빠가 먼저 행동으로 보여주자 비로소 변했다. 즉 이런 아빠가 바로 주도적인 사람이다.

지금의 IMF 관리체제하에 개혁을 입으로만 외치고 있지 않은지 돌이켜볼 일이다. TV에서 퍼즐 하나가 넘어지면 나머지가 연달아 넘어지는 도미노 현상이 일어나는 퍼즐 게임을 소재로 한 페인트 광고를 본 적이 있다. 퍼즐 게임에서 보듯이 개혁은 자기 자신이 주도적인 사고를 갖고, 즉 남의 탓 하지 않고 작지만 먼저 행동으로 모범을 보이는 데서 성공의 첫걸음이 시작된다. 이러한 주도적인 행동이 주변 사람들에게 영향을 미쳐 그들의 사고와 행동을 변화시키는 것이다. 이것이 모여서 개혁이 완성된다.

아들을 위해 우유배달에 나선 아빠처럼 우리 각자가 주도적으로 행동할 때 기업과 국가의 개혁이 성공적으로 달성될 것이다.

12

동맥경화증 때문에 쓰러졌다

인간의 몸에 피가 제대로 흐르지 않으면 어떤 현상이 일어날까? 몸에 마비가 오거나 동맥경화 현상이 나타날 것이다. 기업도 마찬가지이다. 어느 한 부서가 탁월해서 성장하는 기업은 없다. 부서간의 빠른 정보교류를 통해 여러 부서가 정보를 공유함으로써, 상호 합심하여야 높은 경쟁력을 유지할 수 있고 성장할 수 있다.

우리나라 기업의 대부분이 몸에 피가 잘 흐르지 않는 동맥경화 증세를 심각히 보이다 도산했다. 기업의 대소를 막론하고 부문, 부서 간에 철벽이 가로막혀 정보와 인력의 교류 및 커뮤니케이션이 원활하게 이루어지지 않고 있는데도 제때 고치지 않아 망했다는 것이다.

조직은 대부분 기능 위주 조직으로 타 기능 타 부서와의 잦은 정보 및 인력 교류는 별로 없었고, 한 부서 안에서 상하간 수직적인 업무 흐름만 존재하고 있었다. 즉 중요한 정보들이 여러 기능 부문을 관통하여 수평적으로 원활히 움직여야 하나 우리나라 기업들에서는 이러한 흐름이 거의 꽉 막혀 있었다. 예를 들어 고객을 직접 접하는 A/S부서, 그리고 영업부서에서 얻은 살아 있는 고객정보가 마케팅 부서, 생산부서, 구매부서, 제품개발실 등으로 빠르게 전달되지 않았다.

제품 개발은 누가 하는가? 제품개발실에서는 신제품 개발이 고객지향의 관점에서 이루어져야 한다고 얘기하고 있지만 실제로는 아주 외딴 곳에서 자기들끼리 모여 제품을 개발하고 있다. 혹은 사장이나 중역들이 외국에 다녀와서 샘플을 보여주며 "이거 좋아 보이는데." "지금 외국에선 이것이 잘 팔려."라는 얘기를 하면 그것을 참고로 제품을 개발해왔다. 또는 경쟁사가 신제품을 내면 별 문제의식도 없이 비슷한 제품을 개발하기도 했다.

그러나 제품 개발은 제품개발실 홀로 하는 것이 아니다. 제품개발실 전문인력들이 A/S 및 영업부서 요원, 생산전문가, 마케팅 부서 직원, 디자인실 요원, 더 나아가 실제 고객들을 함께 참여시켜서, 그야말로 생동하는 고객 정보와 여러 부서의 제품 및 판매에 관련된 정보를 갖고 개발해야 팔릴 수 있는 제품이 나온다.

각 부서마다 별개로 움직이는 기업의 제품 개발을 들여다보자.

제품개발실에서 제품을 개발하여 영업부에서 시판에 들어갔다. 제품이 생각처럼 팔리지 않자 영업부에서는 "도대체 이런 제품을 만들어놓고 우리 보고 많이 팔라니 이게 말이 되느냐?"고 책임을 전가하고, 생산이나 제품개발 부서에서는 "도대체 영업부가 뭘 하고 있느냐? 왜 영업력이 이렇게 부족하냐?"고 맞선다. 결국 서로 남의 탓만 하는 형국에 처하게 된다.

이러한 문제가 생기는 근본적 이유는 우리나라 기업 조직들이 대부분 생산, 영업, 마케팅, 연구개발, A/S, 총무 등 기능별 조직을 갖고 있기 때문이다. 이러한 체제 속에서는 일단 한 부서에 들어가면 십 년이고 이십 년이고 그 부서나 관련부서에만 근무하기 십상이다. 따라서 부서간 인력교류가 거의 없어 각 부서가 자기 부서의 이익만 챙기려는 부서이기주의가 심화되거나 더한 경우에는 부서할거주의까지 치닫게 된다. 각 부문별로 자기 부서의 아성만 단단히 쌓아놓고 인력과 정보를 상호 교류하는 데 매우 인색해지는 것이다. 그리고 각 부서 조직은 다단계 조직이 되어 그 안에서 잘 보여야 승진할 수 있는 수직적인 구조를 만들어놓았다.

영업부에서 10년 이상 근무한 과장을 생산관리부서로 보낸 뒤 1년 동안 근무시킨 후 이 사람이 하는 얘기를 들어보았다. 지난 10년 동안 영업부에 근무하면서 생산쪽에 대해 가졌던 생각 중 40% 정도가 잘못됐다고 했다. 또한 생산부서에서 10년 이상 근무한 사람을 영업부서에 보냈더니 똑같은 소리를 했다. 이 정도로 부서이기주의가 극에 치닫고 있으니 어떻게 거센 글로벌 경쟁의 파고를 뛰어넘을 수 있겠는가? 그러나 과거에는 이러한 상황이 조직내에서 흔히 연출되었다. 그래도 기업은 굴러갔다.

물론 기능별 조직의 장점도 있다. 한 부서에 오랫동안 근무하다 보니 업무 숙련도가 높아 자연스레 구성원들의 능력이 향상됨에 따라 전문가를 양성할 수 있다. 그런데 필자가 지난 십여 년간 수많은 기업들을 자문하면서 얻은 결론은 놀랍게도 이들이 생각처럼 전문가가 아니라는 사실이다. 외부의 전문가가 볼 때는 한마디로 아마추어 수준이었다. 단지 비전문가가 조직 내에서만 전문가 행세를 했을 뿐이었다.

왜 전문가가 되지 못했을까? 한 부서에 십 년, 이십 년 가까이 근무하면서 옛날에 배운 것만 파먹느라 자기능력 계발, 새로운 시스템 개발 등에 소홀했기 때문이다. 즉 누구도 접근할 수 없도록 자기 부서의 아성만 단단히 쌓아놓고 그 안에서 안주했을 뿐, 전문가가 되기 위한 끊임없는 노력을 거의 하지 않았다는 뜻이다.

필자는 여러 차례 공개적으로 혹은 개인적으로 물어보았다.

과연 당신들이 담당 분야에서 전문가입니까?

대부분의 사람들이 자신 있게 '나는 이 분야의 전문가요, 프로다.'라고 대답하지 못했다.

최근 우리나라에서도 아웃소싱의 열풍이 불고 있다. 회사 내의 핵심부문, 핵심역량만 빼놓고 기타 부문은 그 분야에서 자사보다 탁월한 능력을 갖고 있는 전문 기업들에게 외부 위탁을 하고 있다. 또한 인사, 총무, 교육 등 많은 부서들이 분사화되고 있다. 이제 분사화된 기업도 자기들의 전문영역에서 남들이 쉽사리 흉내낼 수 없는 독특성, 차별성, 전문 역량을 구축하지 못하면 곧 도태되고 말 것이다. 따라서 각 분야에서 전문적인 역량을 구축하는 문제는 자신과 기업의 생존 조건이 되었다. 전문가시대가 도래한 것이다.

이제는 부문간 이기주의를 털어버리고 부문, 부서간에 정보와 인력 교류가 원활히 이루어지도록 해야 한다. GE는 이런 면에서 타의 추종을 불허하고 있다. 사실 미국 상위권 10대 기업 중 아홉 개 기업이 전문영역에서 활동하는 전문 기업들이고 오직 GE만이 우리나라 그룹처럼 여러 가지 사업영역―냉장고 세탁기 등 주요 가전제품, 전자, 의료, 우주, 통신, 항공기 엔진 등 첨단기술 분야, 금융, 정보서비스, 건축, 엔지니어링 등 서비스 분야―을 갖고 있는 유일한 기업이다. 그러면서도 미국 최고의 기업으로 추앙받고 있다.

웰치 회장은 GE가 다양한 사업구조를 포괄하는 재벌의 모습을 갖고 있으면서도 세계 최고의 경쟁력을 갖추기 위해 다음 3가지를 강력하게 추진했다.

첫째, 사업, 제품 분야에서 1, 2등이 아니면 버린다. 둘째, 다양한 사업, 제품 분야에서 통합된 다양성(Integrated Diversity)을 추구한다. 셋째, 각 사업부와 부서는 상호간 아무런 장벽이나 영역상의 경계 없이 개방적인 활동과 교류 그리고 정보와 자원을 공유해야 한다.

웰치 회장은 다각화된 사업들의 성격을 인정하되 통합된 다양성을 통해 여러 사업부간의 통합과 시너지 효과를 이용하여 고도의 성장과 높은 수익성을 달성하겠다는 전략 목적을 분명히 한 것이다. 그러기 위해서 사업부별 또는 부서별 이기주의와 경직된 관료의식을 타파하고, 부서간 경계 없이 기술, 정보, 인력 등을 공동으로 활용하도록 기업문화의 개혁을 단행했던 것이다.

이제는 부서간의 정보가 빨리 흐르고 고객욕구 변화, 경쟁환경 변화, 기술 변화에 남들보다 빨리 대응하기 위해서, 더 나아가 먼저 변화를 창조하기 위해서 프로세스 조직을 활성화시켜야 한다.

프로세스 조직이란 한 프로세스 안에 모든 기능이 다 내재해 있어 상호 정보를 공유하면서 경영 활동을 하는 조직이다. 물론 기업 내 모든 조직을 프로세스 조직으로 만들 수는 없다. 따라서 중핵 프로세스를 선별하여 [그림 3]과 같은 프로세스 조직을 만들 수 있어야 한다.

이러한 프로세스 조직을 여러 개 만들면 프로세스별로 여러 기능들이 중복되어 있으므로 원가(Cost)가 올라갈 수도 있다. 반드시 상승하는 것은 아니지만 가능성은 많다고 하겠다.

[그림 3] 프로세스 조직의 예

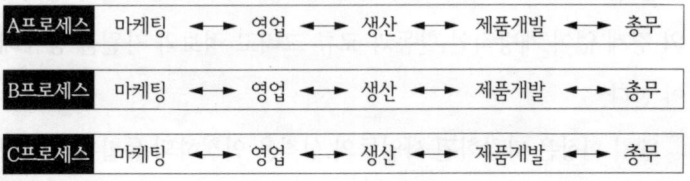

모두에게 묻고 싶다. 기업 경영시 원가가 오르면 무조건 나쁜 가? 어쨌든 좋을 게 없다는 대답이 가장 많을 것이다. 그러나 원가 가 올라가는 게 반드시 나쁜 것만은 아니다. 도대체 무슨 말인가. 만약 원가 상승 그 이상으로 고객을 더 만족시킬 수 있거나, 더 빨 리 새로운 제품을 개발할 수 있거나, 더 많은 고객 가치를 창출할 수 있다면 약간의 원가 상승은 문제가 되지 않는다는 뜻이다.

이렇게 프로세스별 조직을 만들면 원가가 올라갈 수 있다. 그러 나 원가 한 가지 면만 봐서는 안 된다. 우리나라 기업들은 지금까 지 원가만을 중시하는 분모경영을 해왔다. 그러나 이제는 분자경 영을 해야 한다.

그렇다면 분자, 분모경영이란 도대체 무엇인가? 예를 들어 '분 자/분모＝결과'의 도식을 갖고 보다 많은 결실을 얻으려면 분모를 줄이면 될 것이다. 즉 원가를 줄이면 보다 좋은 결과를 얻을 수 있 다. 그러나 원가를 줄이는 데는 한계가 있다. 더 큰 결과를 얻기 위 해서는 원가도 줄여야 하지만 분자를 대폭적으로 늘여야 한다. 분자가 무엇인가? 쉽게 표현하면 상품의 가치를 높이라는 뜻이다.

지금까지는 걸레를 바싹 쥐어짜는 식의 원가절감이나 생산성 향상이라는 분모경영에 치중해왔다. 원가절감은 꼭 해야 한다. 그러나 이와 동시에 분자를 늘이는 제품의 가치와 고객가치를 높이는 분모경영을 해야 한다. 이를 위해 부문 이기주의가 없는 프로세스별 조직을 활성화시켜야 한다.

원가가 좀 올라가더라도 그 이상의 가치를 창출할 수 있다면, 오히려 이것이 바람직하지 않은가? 이 문제에 대해서는 뒤에서 보다 심도 깊게 다루기로 한다.

13

지원부서와 라인부서가
따로 놀다가 가라앉았다

라인과 스태프 부서간 상호 지원이라는 개념이 공유되지 못할 경우 부문 이기주의가 한층 심화되고, 그 여파는 조직을 침몰시킨다. 몰락한 많은 기업들이 대개 그런 증상을 갖고 있었다.

스태프 부서는 보통 기획부, 총무부, 인사부, 재무부 등을 의미하는데, 생산이나 판매 등 라인 부서를 지원하는 서비스센터의 역할을 주로 하게 된다. 이러한 스태프 부서의 강력한 지원 없이는 라인 부서의 지속적인 경쟁력 향상을 기대하기 어렵다. 그러나 지금까지는 지원 기능, 즉 서비스 제공 기능보다는 관리 기능, 통제 기능을 더 많이 해왔다.

예를 들어 마케팅 부서에서 새로운 환경에 적응키 위한 혁신적인 마케팅 전략이 수립되고 영업본부에서 새로운 영업전략이 입안되면 이를 추진하기 위한 새로운 인재교육 시스템, 조직개편, 고과

시스템 등이 필요하다. 따라서 이러한 기능들을 스태프 부서인 기획부, 인사부에서 미래 지향적 관점으로 수행해야 했으나 그렇지 못했던 것이다.

필자가 여러 기업의 중장기 전략수립과 전략적 업적평가 시스템을 설계하면서 지원 부서의 전략이 라인 부서의 전략과 상호 연결되지 않고 있으며 서로 따로 놀았다는 사실을 깨달을 때마다 참으로 놀라웠다. 여기서 모든 스태프 부서의 문제를 가지고 논의하면 매우 복잡해지므로 가장 중요한 지원 기능을 하고 있는 인사부의 예를 가지고 설명하기로 한다.

국경과 업종의 경계가 없는 경쟁상황, 고객욕구의 소프트화, 산업의 성숙화 등 변화의 소용돌이 속에서 많은 기업들이 생존, 성장을 추구하기 위해 기업 혁신을 모색했다. 즉 비전과 중장기 전략에 의거한 다각화 사업의 추진, 각종 형태의 체질 개혁운동—의식 혁신, 기업문화 개혁 등과 리엔지니어링, 고객만족 경영체제 도입 같은 기업을 변신시키기 위한 끊임없는 노력을 하긴 했었다.

그러나 이러한 혁신을 지원하는 인사부의 업무를 들여다보면 인사고과나 신규인원 확보 등 이른바 일상적인 노무관리업무 정도에 그치고 말았다. 심지어 몇 년 전에 만든 인사고과표를 아직도 사용하거나 어떤 기업에서나 통용되는 고과표를 태연히 사용했던 것이다.

인사부서의 중요한 업무는 어떻게 좋은 인재를 최대한 확보, 육성하여 전략적으로 활용하느냐에 있다. 그러나 라인 부서의 전략은 바뀌었는데도 대부분 인사부서의 사업계획을 보면 과거와 거의 다를 바가 없었다. 예를 들어 중장기 전략하에 고객접점에서 영업력을 강화하고 이를 지원하기 위한 새로운 정보시스템 구축, 가슴이 뜨거운 최고 영업맨 육성 등 여러 가지 혁신안이 진행되고 있음에도 불구하고 인사전략에는 별다른 변화가 없었다. 이 때문에 혁신은 결국 실패로 끝났던 것이다.

지원 부서인 스태프 부서는 라인 부서의 사업전략에 박차를 가하는 역할을 해주어야 한다. 즉 라인 부서의 사업전략과 스태프 부서의 인사전략이 상호 연계되어 하나가 될 때 사업전략이 성공적으로 추진되는 것이다.

인사부는 채용, 배치, 교육, 복지후생, 고과, 보상, 퇴직관리 등과 같은 개별적인 인사전략에서 출발해서는 안 되고 사업전략을 성공적으로 진척시키기 위해 어떤 인재가 필요한지를 명확히 한 뒤에 이에 맞는 인사전략을 수립하여 실천해야 한다.

예를 들어 제품을 대리점이나 슈퍼체인에 밀어내면 팔리던 시절과 지금처럼 새로운 마케팅 전략하에 고객접점에서 열정적인 영업활동이 필요한 경우에 구성원들은 다른 능력을 필요로 한다. 따라서 인사부서는 그러한 인재를 육성하기 위한 교육프로그램, 고용

166

프로그램, 보상프로그램 등을 새롭게 수립 실천해야 한다. 그래야 인사전략이 올바로 집행되고 이에 따라 라인 부서의 경쟁력이 강화되는 것이다.

보다 구체적인 경우를 들어보자. 어떤 제조기업이 이대로 제조부문에만 매달려서는 안 되겠다는 판단하에 유통부문으로 진출을 결정했다. 그래서 제조업을 뒤에서 밀어줄 뿐만 아니라 이를 통해 새로운 성장을 추구하기 위해 신규사업으로 유통부문의 매출 비중을 20%로 정하고, 앞으로 5년간 매년 20%의 매출 신장을 확보해 2002년에 매출액 5,000억 원을 달성하겠다는 미래 목표를 제시했다. 그리고 내년부터 매년 300억 원을 유통분야에 투자한다는 중장기 전략을 수립했다. 이에 따라 인사부서에서도 중장기 인사전략을 수립했다.

그러나 놀랍게도 인사부서에서는 앞에서 언급한 것처럼 노무관리 측면에서만 전략을 수립했다. 물론 매년 20%의 매출 증가를 확보하기 위해서는 어느 정도의 영업사원이 필요한지, 또 새로운 유통사업에는 어느 정도의 종업원이 필요한지가 검토되었다. 그리고 그 결과에 따라서 차기에 필요한 신입사원과 스카우트 인원의 규모 등이 논의되었고, 어떠한 스케줄로 채용될 것인지, 배치는 어떻게 할 것인지, 예산은 어느 정도 필요한지 등 보다 상세한 계획으로 구체화되었다.

이러한 상황을 그냥 겉으로만 봐서는 인사전략이 마치 사업전략과 연결되어 있는 것처럼 보였다. 그러나 실제 내용은 겨우 인원 수 맞추기 정도에 불과했다. 결국 이 기업은 신규사업인 유통사업에서 뜻대로 성장해 나가지 못했다. 왜냐하면 유통부문에서 필요로 하는 인재는 제조업과 다른 경험, 지식을 가진 사람들인데 인사부의 전략은 과거와 비교해 별로 달라지지 않았기 때문이다. 이러한 경우가 참으로 허다하다.

제조 중심 기업이 유통업에 참여한다는 것은 비즈니스 방식 자체가 다르기 때문에 전혀 새로운 인재와 능력이 필요해짐을 의미한다. 판매방식이 바뀌며, 고객이 요구하는 포인트도 바뀐다. 거기서 요구되는 인재의 자질도 당연히 달라진다. 하지만 인사부 자체가 지금까지의 습성에서 탈피하지 못해 종래대로 인사업무를 전개했고 따라서 유통업이 순조롭게 추진되지 못했다. 이러한 신규사업을 추진하기 위해 앞으로는 어떤 인재가 필요한지, 그러한 인재를 키우기 위해 어떤 교육 시스템을 도입해야 하는지, 경쟁자와 차별화시키기 위해 어떤 새로운 고과제도를 도입해야 하는지 등에 대해서 별 논의가 없었으니 당연한 결과이다.

그러면 어떻게 해야 인사부의 전략이 노무관리적인 관점에서 벗어나 라인 부서의 사업전략과 일관된 방향으로 수립될 수 있는가? 라인 부서의 중장기 전략이 수립된 후 이를 뒷받침하는 인사부의 전략을 짜기보다는 오히려 이와 반대로 인사부의 중장기 전략이 먼저 나와야 한다. 그래야만 각 라인 부서를 선도할 수 있는 미래 지향적인 전략안이 나올 수 있다.

따라서 인사부에서 인사전략을 수립할 때는 다음과 같은 방식으로 해야 한다. 우선 5년 후에 우리 기업의 전체 미래상을 고려한— 어떤 신규사업에 진출하는가, 미래의 사업 도메인은 무엇인가. 해외 사업의 비중은 얼마인가, 기존 사업의 매출 비중은 어느만큼 줄어드는가 등—후 이러한 미래상에 맞는 인사부의 전략을 일단 라인 부서의 전략을 고려하지 않은 상태로 미래 지향적이고 도전적인 관점에서 자체적으로 수립한다. 왜냐하면 이렇게 해야 각 사업부에서 생각지 못하는 새로운 인사전략이 제기될 수 있다. 예를 들면 새로운 경쟁환경에 대응할 수 있는 연봉제, 능력급제, 조기정년제, 안식년제, 연공서열의 타파를 통한 발탁제도 등이 그것이다.

둘째, 라인 부서에서 수립한 중장기 전략을 검토하면서 이미 수립한 인사전략을 수정한다. 단 수정할 때 라인 부서의 구성원들과 긴밀한 협의를 거쳐야 할 것이다. 인사부의 전략을 검토하는 데 있어 가장 중요한 사항은 이미 언급한 바와 같이 노무관리적인 관점에서 벗어나 전략적인 관점에서 접근하는 것이다.

14

과거의 연장선상에서 미래를 바라보다가 망했다

기업이 오랫동안 안정적인 성장을 하다 보니 이상한 중병에 걸렸다. 다름아닌 과거의 연장선상에서 미래를 바라보는 병이다. 격동하는 미래를 새로운 시각으로 바라보지 않고 옛날의 시각으로 바라보다가 변화의 물결에 휘말려버린 것이다.

우리나라 기업들은 보통 사업계획을 짤 때 어떻게 하고 있는가? 해마다 9, 10월경 각 기업에 가보면 내년도 사업계획을 수립하기 위해 한창 분주하다. 내년도 경제 예측, 경쟁자 동향, 고객욕구 변화, 우리 기업의 자금동원 능력 등에 대한 논의가 무성하다. 그러나 막상 사업계획을 짤 때는 이런 얘기를 하지 않는다. "꺼내와!" 소리가 들려온다. 아니 뭘 꺼내오란 말인가? 지난번에 만든 것 꺼내오란 말이다.

상당수 기업들에서 아직도 내년도 사업계획을 수립하면서 작년

것 혹은 올해 것을 베끼고 있다. 말로는 한참 동안 미래 변화를 얘기하고 개혁을 논하면서 끝에 가서는 "내년은 경제가 좀 나아진다지! 그래. 올해 것×1.10으로 하자!"는 광경을 어렵지 않게 볼 수 있었다. 이렇게 금년 대비 10% 성장하기 식의 사업계획을 짰다.

　이러니 내년 사업계획이 올해 것과 비슷하고, 올해 것은 작년과 다를 바가 없게 되었다. 즉 입으로는 변화와 개혁을 외쳤지만 실제 행동은 과거의 것을 그대로 답습하고 있었다. 또한 이러한 사업 계획들이 매출액, 이익목표, 인력수급 등과 같이 대부분 수치 위주로 되어 있었다. 따라서 어떤 핵심역량, 핵심기술을 강화시킨다든지, 브랜드 인지도를 강화시키고 차별화시키는 활동, 인재양성 등에 관련된 질적인 활동들에 대한 사항은 사업계획에 거의 나와 있지 않았다. 나와 있더라도 형식적으로 국제인 양성, 기술력 강화, 국제화 추구 등의 구호만이 매년 반복적으로 들어갈 뿐, 이러한 중요하고 전략적인 활동을 실천하기 위한 구체적 실행계획은 전혀 없었다. 도저히 제대로 된 사업계획이라 할 수 없는 사업계획 아래 새해를 맞는 일이 지속되다 보니 기업을 둘러싸고 있는 모든 환경 요인의 급변에 대응하지 못하고 그저 현상유지만 하다가 쓰러진 것이다.

　현상유지는 옛날 것을 그대로 베끼는 것을 의미한다. 그리고 지금처럼 격동하는 시대에 현상유지는 바로 퇴보와 몰락을 의미한다.

어떤 기업에 3개의 사업 부문이 있다. 모든 부문이 흑자고 다 잘된다. "끝까지 남는 것은 무엇일까요?"라고 한 강의에서 질문한 적이 있다. 누군가가 "남는 것은 돈밖에 없지 않느냐!"라고 했으나 필자는 "아니다! 남는 것은 내리막길뿐이다!"라고 정정했다.

왜 그럴까? 기업이든 개인이든 반드시 건전한 적자부문을 갖고 있어야 한다. 즉 미래를 위한 건전한 적자부문에 지속적인 투자를 하고 있어야 한다. 신제품 개발, 새로운 첨단 기술개발, 국제인 양성, 신규고객 발굴, 브랜드 이미지 제고 등과 같은 미래 씨앗을 심는 뭔가 새로운 일에 대한 지속적인 투자를 하지 않고, 지금 잘되는 사업만 파먹다간 조만간 내리막길로 치닫을 것이다. 얼마나 많은 기업들이 잘 나가는 기존 제품, 기술만 파고 있다가 쓰러졌는지 모른다.

세계적인 경영컨설턴트인 톰 피터스(Tom Peters)가 작년 말에 한국에 와, 한 세미나에서 이런 얘기를 했다. "만약 당신의 작년 이력서와 올해 것이 같으면 당신은 이미 실패한 사람이다!" 이게 무슨 말인가? 옛날 이력서만 파먹으면 몰락한다는 뜻이다. 그는 매년 이력서를 새로 쓰라고 강조한다.

따라서 우리는 일의 개념을 올바로 정립해야 한다. 일이란 무엇인가? 지난 10년 동안 열심히 해서 몸에 익숙한 일, 눈감고도 잘할 수 있는 일, 이것이 일인가? 여러분들은 이런 일만 하고 있는가?

정말로 우리가 매진해야 할 일은 어제와 다른 일이다. 작지만 뭔가 새로운 일이다. 미래의 씨앗을 심는 작은 일을 우리가 해야 한다. 이것이 진정한 일인 것이다.

1998년 들어와서 경제경영 분야에서 부동의 베스트셀러였던 책 『익숙한 것과의 결별』을 펼쳐보라. 저자는 IMF 체제하의 유일한 생존대안은 익숙한 것으로부터 빨리 결별하는 것이라고 주장하고 있다.

최근 한 조사에 따르면 최고경영자들은 하루에 평균 25명을 만나 대화를 나눈다고 한다. 이는 전체 근무시간의 60% 정도이며 나머지 시간의 대부분은 전화 통화에 사용된다. 대화 시간은 평균 2분이고, 대화와 대화 사이의 시간은 10분 정도라고 한다. 이런 상황에서 경영자들이 미래를 위한 새로운 일을 구상하기란 현실적으로 불가능하지 않을까? 10분간의 여유는 현안을 생각하는 데 적합한 시간이지 장기적이고 전략적인 문제를 궁리하는 데 알맞은 시간은 아니다.

그 결과 대부분 경영자가 미래 지향적인 사고를 하지 못하고 현재의 사업과 하던 일에만 집착하게 되는 것이다. 특히 자기가 전문가라고 생각하는 경영자들일수록 전문과 숙달을 혼동하고 있다.

한 분야에 20년간 근무했다는 사람을 보면 단지 1년간의 경험을 20번 반복한 경우가 적지 않다. 이 사람의 경력은 20년이 아니라 1

년에 불과한 것이다. 경영의 위기는 이래서 생긴다. 일상적인 현안에만 매달리다 보면 타성이 생기고 별생각 없이 습관적으로 행동하게 된다. 이러다 보니 어제와 다른 뭔가 새롭고, 창의적인 일을 하지 않게 된다. 정작 때가 왔을 때 근본적인 변화를 추구하지 못하게 되는 것이다. 이러한 기업들 대부분이 이미 몰락했거나 빠르게 가라앉고 있다.

이런 얘기를 하다 보니 어느 신문의 인터뷰 내용이 생각난다. 기자가 80세를 넘긴 대그룹 명예회장과의 인터뷰에서 다음과 같은 질문을 하였다.

"회장님께서는 매일 새벽 일찍 일어나셔서 아들, 며느리 모두 집합시킨다던데, 나이가 연로하셔서 새벽에 잠이 오지 않습니까?"

이 분의 대답이 걸작이다.

"기자 양반, 나는 도대체 늦게까지 잠을 이룰 수가 없소. 왜냐하면 나는 내일 할 일, 새로운 일을 생각하면 가슴이 설레 도무지 잠을 잘 수가 없소. 빨리 일어나 그 일을 하고 싶단 말이요!"

얼마나 멋진 말인가! 여든이 넘은 나이에도 가슴이 설레고 지속적으로 뭔가 새로운 일을 하고 싶다니…. 이 사람이 바로 소떼를 북한으로 보내고 금강산 관광길을 튼 장본인이다. 그 나이에도 뭔가 새로운 일을 설레는 마음으로 추진하고 있는 것이다.

그러면 새로운 일들은 도대체 어디에서 오는가? 과거에서 끌어

오면 새로운 일이 있는가? 과거 사업계획에서, 옛날 이력서에서 끌어오면 새로운 게 전혀 없다. 이 새로운 일들은 미래에서 당겨와야 한다. 그러면 미래 어디에서 당겨오는 것일까? 미래 비전에서, 미래 목표에서 당겨오는 것이다.

도대체 비전이란 무엇인가? 비전이란 전 구성원들의 꿈과 열정이 녹아 든, 즉 그들이 진정으로 원하는 미래 모습이다. 우리가 어디로 가야 하는가에 대한 답이 미래 비전이다. 국가든 기업이든 개인이든, 명시적이든 묵시적이든 비전을 갖고 있어야 한다. 이 비전을 잡아당겨야 바로 오늘, 어제와 다른 작지만 뭔가 새로운 일을 찾아낼 수 있다.

그러나 비전만 있으면 다 되는 것이 아니다. 오히려 이 비전에 도달할 수단과 방법이 더욱 중요하다. 비전과 미래 목표에 도달하기 위한 수단, 방법을 소위 전략이라고 한다. 이것이 장기 차원이면 장기전략이고, 중기 차원이면 중기전략이며, 단기 차원이면 올해 사업계획이다.

장기전략을 당겨서 중기전략과 연동시키고, 중기전략을 당겨서 올해 사업계획에 연결시키면 그때 비로소 오늘 해야 할 어제와 다른 새로운 일, 미래 씨앗을 심는 일들이 뭔지를 알 수 있게 된다. 그러나 새로운 일이 무엇인지 아는 것보다 실천하는 것이 더욱 중요하다. 미국에 이런 속담이 있다.

Action without Vision is just Activity.
(비전이 없으면 그냥 매일매일 일상적인 일만 할 뿐이다.)

Vision without Action is just Dream.
(오늘의 행동이 없는 비전은 꿈에 불과하다.)

Vision and Action together can change the World.
(비전을 갖고 오늘 어제와 다른 새로운 일을 하면 모든 것을 다 바꿀 수 있다.)

비전의 중요성은 미래에 무엇이 되겠다, 앞으로 어떤 일을 하겠다는 것보다 사실 오늘 어제와 다른 새로운 일을 실천하는가에 있다. 즉 비전은 오늘의 실천인 것이다.

어떤 회사에 두 명의 과장이 있다. 한 과장은 이왕 이 회사에 들어왔으니 열심히 해서 한번 사장을 해보겠다는 비전이 있는 과장이고, 다른 과장은 월급쟁이 편한 맛에 하는 것이니 주어진 일이나 열심히 하겠다는 사람이다. 이들 두 사람의 사고의 차이는 바로 오늘의 행동에서 나타난다. 미래 비전을 갖고 있느냐 없느냐에 따라서 현재의 행동에 현격한 차이가 나타나며, 이러한 작은 행동들이 모여서 미래 모습의 차이를 만드는 것이다.

최고경영자가 꿈인 과장은 뒤에 나온 사람과는 달리 앞으로 최고경영자가 되기 위해 어제와는 다른 어떤 일을 오늘 준비해야 하는가를 확실히 알고 실천하는 사람이다. 그는 아마도 비록 작은 일이지만 어제와 다른 오늘을 준비할 것이다.

우선 이 과장은 자기가 다니는 회사가 개방화, 국제화시대에 살아남기 위해서는 지금의 미국시장 중심에서 벗어나 앞으로 중국시장을 지속적으로 공략해야 한다는 사실을 알고 있다. 그래서 영어뿐만 아니라 중국어도 능숙해야 중국시장 공략에 자기가 한몫을 할 수 있을 거라고 생각하고, 남들보다 한 시간 일찍 일어나 중국어 학원에 나가 중국어를 열심히 배울 것이다.

또 국제화된 세계시장에서 경쟁업체들과 어깨를 나란히 하려면 외국어 실력뿐만 아니라 비즈니스맨에게 필수적인 골프 역시 잘 쳐야 한다고 생각할 것이다. 따라서 비록 지금은 과장이지만 퇴근 후 건강도 관리할 겸 하루에 한 시간 정도 짬을 내어 실내연습장에서 꾸준히 골프 연습을 할 것이다.

그러나 외국어를 잘하고 골프만 잘 친다고 최고경영자가 되는 것은 아니다. 무엇보다 더 많은 사람들과 다양한 인간 관계를 형성할 줄 알아야 한다. 따라서 선후배 직원들뿐만 아니라, 협력회사 임직원들과 교류를 자주 하여 이들이 가진 남다른 사고와 업무 자세를 배우면서 좋은 인간 관계를 구축할 것이다.

새벽에 일찍 일어나 중국어를 배우고, 회사에서 열심히 일하고 저녁 때 골프연습, 다양한 인맥형성 등 어떻게 보면 힘들고 지칠 때도 있겠으나 최고경영자가 된 자기의 미래 모습을 그려보면 오히려 즐겁게 느껴지리라.

이 나이에 웬 중국어? 일찍 집에 가서 마누라와 토끼 같은 자식들이랑 재미있게 지내야지, 내 돈 써가면서 이 사람 저 사람들과 왜 술을 마셔야 하느냐는 보통의 과장하고는 다른 행동을 오늘 즐거운 마음으로 하고 있는 것이다.

과연 어떤 사람이 최고경영자의 자리에까지 오를 수 있을까?

최고경영자는 매일매일 주어진 일만 열심히 하는 사람이 오르는 자리가 아니다. 그저 성실한 것만으론 부족하다. 국제화된 사회에서 세계인과 당연히 어깨를 겨룰 수 있는 어학실력과 경영능력, 강인한 체력 그리고 원만한 인간 관계를 통해 리더십을 갖춘 자만이 조직을 이끄는 리더가 될 수 있다. 특히 비전이 있느냐 없느냐에 따라서 오늘 하는 일이 달라지고, 그 일을 추진할 수 있는 열의가 달라진다는 사실이 중요하다.

기업도 마찬가지다. 비전이 없는 기업의 공통적인 현상은 올해의 사업계획이나 3년 전의 것이나 별 차이가 없다는 점이다. 또한 이러한 기업에서 일하는 구성원들의 모습을 보면 늘상 비슷한 일을 하는 까닭인지 그다지 신바람 나는 모습을 보기 어렵다. 따라서 조직 내 활력이 사라지게 되고, 현상유지의 풍토가 팽배해지는 것은 당연하다.

분명한 사실은 비전 없는 기업에는 미래가 보이지 않기 때문에 인재가 들어오지 않으며, 설사 들어온 이후에도 오래 버티지 못한다는 점이다. 생각해보라. 비전이 없는 기업에 인재가 왜 남아 있어야 하는가! 또한 인재가 없는 기업에 과연 미래가 존재하겠는가!

기업이 아무리 크고 역사가 오래됐더라도 구성원들이 공유하는 비전이 없으면 인재는 하나 둘씩 빠져나가게 마련이고, 조직은 무사안일하게 현상유지만 하려는 사람들로 꽉 차게 된다. 규모가 작고 연륜이 짧은 기업이라 할지라도 미래 비전을 명쾌히 제시하면서 이끌어가는 기업에는 언제나 인재가 모일 것이며, 이러한 조직은 항상 긴장과 열정으로 가득 찰 것이다.

이런 말을 하면 많은 사람들이 다음과 같은 반응을 보인다. 요즈음엔 코앞의 일도 모르겠는데 웬 5년 후의 비전이냐고, 불확실한 시대 앞이 캄캄한 시대에 살고 있다면서 그 무슨 모순된 말이냐고들 한다. 필자는 이렇게 대답한다.

"맞습니다. 불투명합니다. 칠흑같이 어둡습니다. 앞이 잘 안 보입니다. 그러면 어떻게 하면 되겠습니까? 앞이 안 보인다고 하던 일만 계속 파먹으면 되는 겁니까? 앞이 안 보일수록 눈을 부릅떠야 합니다. 더듬어봐야 합니다. 촛불도 켜보고, 헤드라이트도 켜봐야 합니다. 여러분! 여러분들이 필요한 정보는 책상 주변에는 별로 없습니다. 눈을 부릅뜨고 밖에 나가 찾아보아야 합니다. 문제의식을 갖고 눈을 부릅뜬 자에게만 필요한 정보가 나타나는 법입니다. 따

라서 비전이 있는 자는 불투명하고, 불확실한 시대일수록 나름대
로의 문제의식과 열정을 갖고 어제와 다른 새로운 정보를 찾아내
고 이를 통해 그들의 미래를 만들어 나가는 것입니다."

15

몸으로만 때우다가 몰락했다

지금까지 우리들은 과거의 연장선상에서 미래를 내다보는 바람에 기존의 것만을 파먹는 데 익숙했다. 더욱이 문제가 발생하거나 상황이 변하면 몸으로 때운다는 식으로 혹은 남의 것을 베끼는 식으로 넘어가다가 오늘의 상황에 직면했다.

IMF 관리체제에 들어간 직후인 1998년 3월에 발표된 맥킨지 보고서는 '한국은 세계경제대전에서 패배했다. 한국경제의 생산성은 미국의 3분의 1이다. 똑같은 수의 근로자와 똑같은 자본을 투입했을 때 한국이 만들어내는 부가가치는 미국의 절반에 불과하다.'라고 말하면서 신랄하게 한국경제와 한국기업의 후진성을 꼬집었다.

왜 그럴까? 우리들은 몸으로만 때웠으나 미국인들은 창의력과 새로운 아이디어를 통해 신지식을 지속적으로 축적했기 때문이었다.

맥킨지 보고서가 지적한 문제점은 바로 선진국과의 지식 격차였다. 똑같은 재료와 기계를 이용해 레이더장비를 생산하더라도 영국은 10만 달러짜리를 만드는 데 비해 한국은 겨우 1만 달러짜리를 만든다는 것이다. 전체적으로도 한국의 노동생산성이 100일 때 미국은 311에 달한다는 통계는 한국의 지식수준이 미국의 3분의 1에도 못 미친다는 사실을 보여준다.

한국에 와 있는 어떤 외국 회사가 일간지에 신입사원 모집광고를 냈다. 소위 일류대 출신 지원자 중에서 엄선하여 몇 명을 뽑았다. 그런데 이 회사 사장이 이들에게 몇 달 동안 일을 시켜본 후에 하는 말이, 사원들은 주어진 프로젝트는 열심히 잘하는데 새로운 프로젝트를 만들어서 추진해보라는 주문에는 속수무책이었다고 한다. 누구나 다 할 수 있는 정형적이고 반복적인 업무는 잘하지만 창의력과 기획능력이 필요한 업무는 손도 못 댄다는 것이었다.

현재의 사회를 지식사회, 창조적 지가(知價)사회라고 부르는 이유는 부를 창출하는 기반이 근본적으로 변화하고 있기 때문이다. 토지, 노동, 자본과 같은 전통적인 생산요소의 효용은 이제 한계에 다다랐으며 앞으로는 지식이 생산의 유일한 근원이 될 것이다. 창조적 지식사회에서는 유형자산이 아니라 기업 내에 얼마나 많은 지식이 축적되어 공유 활용되느냐에 따라 기업의 경쟁력이 좌우된다.

이제는 지식이란 무형의 자산을 활용해 새로운 가치를 창출하는 지식경영을 잘 하는 기업이 더 높은 경쟁력을 창출할 것이다. 그러니 기업의 구성원들도 두뇌와 아이디어로 승부하는 지식근로자,

신지식인이 되어야 한다.

이렇게 어제와 다른 새로운 일들을 지속적으로 하고 있는 사람들을 요즘 우리 말로 신지식인, 혹은 지식근로자라고 부르고 있다. 지금의 창조적 지식 사회에서 우리 모두 신지식인이 되어야 한다. 신지식인이란 소위 피터 드러커, 앨빈 토플러 등과 같은 석학들을 일컫는 게 아니다. 신지식인이란 기존 일을 개선, 개혁하거나 여기에 새로운 것들을 지속적으로 축적하여 새로운 가치를 창출하는 사람들이다. 따라서 우리는 신지식인을 영어로 Intellectual이란 단어로 쓰지 않고 Knowledger라고 한다.

재작년 미국의 말콤 볼드리지 생산성 대상을 인텔이나 GE 같은 초일류 기업이 아니라 리츠칼튼 호텔의 청소부 아줌마가 탔다. 아니 청소부 아줌마가 어떻게 했길래 이런 큰 상을 탈 수 있었을까? 이 청소부 아줌마는 청소가 허드렛일이 아니라고 생각한 사람이었다. 청소를 통해 얼마든지 고객을 감동시킬 수 있고 이를 통해 호텔의 가치를 더욱 높일 수 있다고 생각했던 것이다.

따라서 이 아줌마는 남들과 다른 문제의식을 갖고 손님들이 안볼 때 더 빨리 더 깨끗하게 청소하는 새로운 방법을 찾아냈다. 그다음에 모든 청소부들을 모아놓고 새로운 방법을 이들에게 학습시켰다. 이 때문에 호텔의 이미지와 가치가 크게 신장되었다. 바로이런 사람이 신지식인의 표상이 아니겠는가?

우리나라에도 이러한 신지식인의 모델이 있다. 이미 널리 알려져 있는 '번개'라는 별명을 가진 조태훈 씨가 그 장본인이다. 번개는 누구인가? 자장면 배달부 아닌가. 요즈음 신세대 말로 철가방 아저씨이다. 고등학교도 중퇴한 이 사람이 지식인의 모델이며, 신지식인상까지 받은 사람이라면 믿어지는가? 그러면 이 사람이 왜 신지식인지 한 번 생각해보자.

번개는 자장면 배달이 절대로 허드렛일이 아니고, 굉장히 중요한 일이라고 생각한 사람이었다. 자장면 배달을 통해 현장에서 생생한 고객의 요구를 상세히 파악할 수 있을 뿐만 아니라 이를 통해 얼마든지 고객을 감동시킬 수 있다고 생각한 것이다.

백 명의 자장면 배달부가 '나는 언젠가 반드시 이 짓을 그만두고 말 것'이라고 다짐한 반면, 이 번개 아저씨는 '나는 언젠가 반드시 한국 최고의 철가방이 되겠다'고 다짐한 사람이었다. 따라서 철가방을 자랑스럽게 들고 다녔으며, 철가방이 자기의 얼굴이라 생각하고 항상 거울처럼 깨끗하게 닦았다고 한다. 또한 오토바이를 타고 배달을 다닐 때 번개라고 쓰인 노란색 깃발을 자랑스럽게 펄럭이면서 다녔다. 이것이 자신의 이미지를 남들과 차별화시켰으며, 고객들에게 번개라는 강력한 이미지를 심어준 것이다.

조태훈 씨는 항상 고객의 입장에서 고객이 무엇을 원하고 있는가에 대한 관심을 갖고 있었다.

어느 날 중국집에 대학생 두 명이 들어와 한 사람은 자장면, 다른 사람은 짬뽕을 주문했다. 자장면을 먹고 난 한 학생이 앞의 친구가 남긴 짬뽕 국물을 마시면서 "야! 참 좋다"라고 감탄하는 모습을 본 순간, 번개 아저씨는 '아, 자장면을 먹고 나면 좀 느끼한 기분이 드는데 이때 짬뽕 국물을 마시면 상쾌해지는구나!'라는 생각이 들어 다음부터 자장면 배달이 오면 짬뽕국물 한 그릇을 서비스로 제공하였더니 고객이 너무 좋아하더라는 것이다.

일반적으로 중국집들이 자기네 홍보를 하기 위해 성냥을 나누어 준다. 그러나 조태훈 씨는 음식 주문을 주로 여직원들이 하기 때문에 이들에게 성냥은 별 의미가 없다고 판단하고 판촉물을 여자가 좋아하는 스타킹으로 바꿨다. 그리고 그 위에 중국집 전화번호를 써 넣고 나누어주었더니 주문이 쇄도했다.

또한 조태훈 씨는 고객만족과 고객감동의 차이를 잘 알고 있던 사람이었다.

"고객만족은 제품에서 나옵니다. 자장면이 맛있으면 고객은 만족합니다. 그러나 고객은 감동하지 않습니다. 자장면을 시킨 손님한테 맛있는 자장면을 빨리 갖다 줄 뿐만 아니라 얼큰한 짬뽕 국물도 함께 서비스할 때 고객은 감동합니다. 탕수육 시킨 고객에게 덤으로 소주 한 병을 제공할 때 고객은 감동합니다."

고객감동이란 소비자가 전혀 예상치 못했던 제품 또는 서비스를 제공함으로써 소비자를 열광시키는 것이다. 그 결과 고객이 제품과 서비스에 대한 충성도가 높아져 평생고객이 된다.

조태훈 씨의 단기 목표는 자장면집 사장이었다. 자장면 배달을 하면서 자장면집 사장 되려는 꿈이 있었으니 자장면 배달이 어찌 허드렛일처럼 보였겠는가. 철가방을 들고 다니면서 어찌 고객의 다양한 욕구들에 관심이 가지 않았겠는가.

그는 사장의 비전을 당겨서 오늘 무슨 새로운 일을 해야 할지를 알고, 즐거운 마음으로 이를 실천한 사람이었다. 그래서 지금은 스타 강사로, 베스트셀러 작가로 유명할 뿐만 아니라 이미 번개반점 사장으로 단기목표를 달성하였다. 그는 비록 고등학교도 제대로 못 나온 사람이지만 고객 지향적인 열정과 새로운 아이디어를 통해 더 큰 가치를 창출해내는 지식인의 표상인 것이다.[7]

우리나라에 처음으로 피자 헛을 들여와 한때 엄청난 성공을 했던 성신제 씨가 쓴 『창업자금 칠만 이천원』이란 책이 1996년도에 베스트셀러가 될 정도로 엄청나게 팔렸다. 이 책에서 저자는 이런 얘기를 하고 있다.

"피자 가게를 경영하면서 수많은 아르바이트 학생을 써봤다. 이 중에는 '나는 앞으로 유명한 패션 디자이너가 될 거야, 나는 공인회계사가 될 거야.'라고 얘기하면서 '이까짓 아르바이트는 용돈 벌이니까 대충 시간만 때우다 가자.'라고 생각하면서 건성건성 일하는 학생들이 아주 많았다. 그 사람들 중에서 단 한 명의 패션 디자이너, 단 한 명의 공인회계사가 나오는 것을 본 적이 없다. 주어진 일에 최선을 다하지 못하는 사람이 어찌 다른 일을 잘할 수 있겠는가? 아르바이트로 접시 닦는 일을 하더라도 이에 미치는 사람이 본업에 돌아가서도 그 일에 미치고 결국은 성공하게 된다."

그는 미래 비전을 갖고 자기에게 주어진 일에 항상 최선을 다하는 자가 성공하는 법이라고 주장하고 있다. 또한 성신제 씨는 주방이나 근로자들이 일하는 곳에 '남들과 같으면 죽는다'라는 문구를 써놓았다고 한다. 이제는 뭔가 남들과 다르게 사고하고 행동하지 않으면 자기 자신을 차별화시킬 수 없다, 뭔가 달라야 한다고 토로하는 간곡한 호소였다.

경쟁기업과 뭔가 차별화되고, 나름대로의 독창적인 색깔을 내기 위해서는 중역이건 사원이건 간에 공부하고 사색할 시간이 있어야 한다. 그리고 지속적으로 새로운 정보를 계속 입력시켜야 한다. 텅 빈 머리에서는 새로운 아이디어와 창의력이 나오지 않는다.

그런데 우리나라 기업인들은 책을 너무 멀리 하는 듯하다. IMF 관리체제 전까지 한창 호황일 때는 너무 바쁘다는 핑계로 책을 읽지 못했다고 한다. 지금은 불경기라서 과거에 비해 시간 여유가 있지만 책 살 돈이 없다는 핑계를 둘러대고 있다.

이제는 사무실에서 일상적이고 반복적 일만 열심히 하는, 즉 몸으로 때우는 식으로 일해서는 안 된다. 지금처럼 지식이 기업경쟁력의 원천이 되는 시대에는 사무실(事務室)의 事자를 思로 바꾸어야 한다. 사무실은 생각하고 기획하는 곳이지 그저 몸으로 때우는 곳이 아니기 때문이다.

이런 점에서 미국의 3M은 역시 앞서가는 회사임에 틀림없다.

3M에는 30% 룰과 15% 룰이 있다. 4년 내에 매출액의 30%는 반드시 신제품에서 나와야 한다는 것이고, 하루 일과의 15%는 일상적인 업무에서 벗어나 사고해야 한다는 룰이다.

경영자, 관리자들이여 사무실에서 사색할 수 있는 물리적 시간을 갖자! 그러기 위해서는 보다 많은 권한을 하위로 위양해야 한다. 급한 일들이나 별로 중요치 않은 일들을 과감하게 아랫사람들에게 맡겨라! 아랫사람도 충분히 다 해낼 수 있는 일까지 참견하고 있으니 몸이 고달퍼 발바닥만 아프다.

권한 위양은 상사 자신을 위해서 하는 것이다. 그래야 자기 발전을 위한 물리적 시간이 생긴다. 물리적인 시간을 확보해야 중요한 일, 미래 지향적인 구상, 경쟁사 동향, 사색의 시간 등을 가질 여유가 생기기 때문이다.

16

품질경영에 매달리다 망했다

요즈음 모든 경영자들이 이구동성으로 품질이 제일 중요하다는 말을 하고 있다. 아니 경영자뿐만 아니라 회장, 심지어 대통령까지 이러한 얘기를 하고 있으며 모두들 공감하는 바이다.

경쟁에서 이기기 위해서는 품질이 아주 중요하다. 새삼스레 강조할 필요조차 없다. 그렇다면 도대체 품질이란 무엇인가? 우선 품질에 대한 정의부터 올바로 해보아야 한다.

사람들은 제품의 질이 좋고 나쁨을 어떻게 파악하고 있는가? 예를 들어 TV를 구입할 때 품질을 어떻게 구별하는가? 백화점에 가서 20여 개 사의 제품내역서나 화질을 꼼꼼히 비교 분석하는가? 아니면 TV의 뒷뚜껑을 뜯어 안을 들여다보고 품질을 비교해보는가?

미국에서 자동차의 품질을 비교해보기 위해 품질을 결정하는 30가지 요인—충돌시 안전도, 핸들의 유연성, 브레이크 작동성, 연비 등—에 근거해서 동급 수준 16개 회사 자동차의 품질 순위를 매겼다. 그리고 이 결과를 매출액과 비교해 보니 전혀 예상치 않은 결과가 나왔다. 즉 품질과 매출 사이에 전혀 상관관계가 없었던 것이다. 품질 1, 2, 3위의 매출 순위는 12, 9, 16위였고, 품질 11위가 매출 순위 1위, 품질 6위가 매출 순위 2위, 품질 6위가 매출 3위였다.[8]

품질이 좋은 제품이 경쟁력이 높고 최고의 매출을 올려야 당연하지 않은가? 그렇다면 도대체 품질이 무엇인가? 독자들에게 맥주 한 잔 주면서 이것이 하이트인지, 카스인지, 라거인지 맞춰보라고 하면 웬만한 전문가가 아니면 구별하지 못할 것이다.

그런데 왜 어떤 사람은 죽어라고 카스만, 어떤 사람은 하이트만, 또 어떤 사람은 라거만 마시는가? 도대체 맥주의 품질은 무엇인가? 예를 들어 하이트를 마시는 사람은 맥주 그 자체보다는 암반 150m에서 솟아오르는 *깨끗함*을 마시는 것이다. 콜라의 품질은 무엇인가? 우리는 콜라를 마시는 것이 아니라 오히려 브랜드를 마신다고 해도 과언이 아니다.

이제 품질이란 성능, 맛, 기능 등과 같은 제품의 품질 자체가 아니다. 왜냐하면 웬만한 제품에 있어 품질 자체만으로는 큰 차이가 나지 않기 때문이다. 따라서 품질이란 품질에 대한 고객의 인지도이다.

더구나 품질 자체를 높이는 활동과 품질에 대한 인지를 높이는 활동은 경우에 따라 전혀 다르다. 그런데 지금까지 우리 기업들은 하드(Hard) 분야의 품질 자체에 대한 노력만 기울여왔지, 품질에 대한 고객의 인지를 높이는 활동은 썩 잘하지 못했다.

이제는 품질 경쟁이 아니고 인지 경쟁의 시대이다. 그렇다고 품질 자체를 결코 과소평가하거나 무시하는 것은 절대로 아니다. 품질은 기본으로 따라가는 것이다. 다만 고객들 마음속에 그 제품이 어떻게 인지되었느냐가 경쟁력의 관건이다. 그런데 품질에 대한 인지는 갈수록 제품과 연결된 소프트한 것, 예를 들어 브랜드 이미지, 빠른 A/S, 제품에 대한 빠른 정보 제공, 판매원의 따뜻한 서비스, 디자인 등에 의해 형성되고 있다.

지금같이 치열한 경쟁 상황하에서는 품질에 의한 차별화가 갈수록 어려워지고 있다. 더욱이 많은 산업이 성숙단계에 들어가고 있기 때문에 제품 품질 자체의 차별성은 갈수록 사라지고 있다. 즉 생산자, 판매자의 입장에서는 어떤 품질상의 차별성이 있어 보일지는 몰라도 고객의 눈에는 잘 보이지 않는다. 중요한 사실은 모든 결정과 판단은 고객이 한다는 것이다.

예를 들어 시멘트의 경우 쌍용 시멘트, 동양 시멘트, 아세아 시멘트 등 모든 시멘트 회사들은 자기 제품의 품질이 다르다고 주장하고 있으나 고객인 건설업자들은 다 똑같다고 말하고 있다. 즉 품질 자체의 향상도 중요하지만 품질에 대한 고객의 인지를 높이는 것이 더욱 중요하다는 뜻이다.

그렇다면 품질에 대한 고객의 인지를 어떻게 제고시킬 수 있겠는가?

첫째, 고객의 품질에 대한 관점이 어떻게 변하고 있는가에 대한 올바른 판단이 필요하다. 지금의 정보화시대, 창의적 지식사회에서의 고객의 욕구는 과거와 달리 복합화, 소프트화하고 있다.

고객은 단일 상품, 단일 기술, 단일 서비스에 만족하는 것이 아니고 복합 상품, 복합 기술, 복합 서비스에 만족을 하며 더 나아가 이들은 제품 자체보다는 제품과 연결된 소프트 서비스에 보다 많은 관심을 갖고 있다.

둘째, 경쟁기업이 쉽사리 흉내낼 수 없는 작지만 뭔가 차별적인 것을 고객에게 제시할 수 있어야 한다.

득히 경쟁사와 다른, 작지만 뭔가 새로운 것을 품질 자체보다는 이것과 연결된 소프트 서비스에서 찾아야 한다는 점이 중요하다. 이러한 활동을 통해 고객은 기업과 제품에 대한 차별적 인지가 형성되는 것이다. 이를 위해 기업의 경영자뿐만 아니라 전 임직원이 과거와 같은 하드한 제품 중심의 사고에서 소프트한 사고로 그들의 생각을 바꾸어야 한다.

마지막으로 기업이 지금 하고 있는 그 분야에 더욱 집중하여 그 분야 최고의 핵심역량을 갖춘 전문기업이 되어야 한다.

우리나라 기업들은 대부분 조금 성장했다 싶으면 제품이나 업종 다각화를 생각하면서 다른 사업분야로의 진출을 생각한다. 업종이나 제품 다각화의 발상이 잘못됐다는 것이 아니다. 많은 기업들이 자기 고유분야에서 기업 이미지, 제품 이미지를 높이지 않고, 즉 그 분야에서 최고의 자리를 차지하려는 피나는 노력보다는 돈벌이가 될 듯한 다른 분야에 눈을 돌려 결국은 주력업종도 쇠퇴하고 신규제품이나 신규사업도 제대로 안 되는 상황에 처하게 되는 것이 문제이다.

앞으로는 무슨 제품 하면 A기업이라는 인지가 생길 수 있도록 기업의 노력을 전문분야로 집중하고 여기서 승부를 펼 수 있어야 한다. 이래야만 기업 및 제품에 대한 고객의 인지가 형성되고 이것이 제품의 품질을 판가름하는 결정적인 요인이 된다.

세계적인 톱 클래스의 기업들은 그 전문분야에서 세계적인 명성과 인지도를 쌓은 기업들이지 돈벌이가 될 듯한 사업들을 이리저리 나열한 기업들은 아니라는 사실을 명심해야 한다.

17

원가 위주 경영만 하다 쓰러졌다

기업의 생존 부등식을 '원가(Cost) ⟨ 판매가격(Price)'이라고 쓰는 사람이 있다. 기업이 생존하기 위해서는 우선적으로 제품의 판매가격이 원가보다 높아야 한다고 보기 때문이다. 과연 판매가격이 원가보다 높으면 기업이 쓰러지는 일이 전혀 없을까? 당연히 있다. 왜냐하면 아무리 판매가격이 원가보다 높더라도 제품이 팔리지 않으면 이익이 생기지 않기 때문이다. 어떤 제품도 팔려야 이익이 생기고 그제야 비로소 기업은 생존할 수 있다.

그러므로 우리는 앞의 공식에 하나를 더 붙여야 한다. 즉 실제 판매 가격(Price)보다 가치(Value)가 더 높아야 기업은 생존할 수 있고, 이를 부등식으로 쓰면 '원가(Cost) ⟨ 판매가격(Price) ⟨ 가치(Value)'와 같다.

그렇다면 과연 가치란 무엇인가? 가치를 쉽게 표현하면 고객이 만족해서 기꺼이 지불하려는 가격이라고 말할 수 있다. 고객이 기

194

꺼이 지불하려는 가격(Value)이 실제 판매가격(Price)보다 높아야 고객은 제품을 구매하게 되고, 그때 비로소 이윤이 발생한다. 따라서 이제는 제품 가격보다는 어떻게 고객의 가치를 증대시킬 수 있느냐, 고객의 가치를 증대시키기 위해 어떤 활동을 해야 하는지가 중요한 과제로 떠오르고 있다.

우리나라 기업들은 1970년대에서 80년대에 이르기까지 저렴한 인건비, 정부의 보호, 근로자들의 뜨거운 근로의욕, 기업간의 제한된 경쟁 때문에 아주 낮은 원가수준을 유지할 수 있었다. 더 나아가 고객들은 너무나 너그러워서 주는 대로 받아먹는, 없어서 못 파는 지경이었다. 이때까지만 해도 고객의 가치를 고려하는 경영을 할 필요가 없었다. 어떻게 하면 많이 파느냐가 주요 관심사였다. 당연히 우리 기업들은 아주 안이하게 기업을 경영했던 것이다.

그러나 1990년대 들어와 이러한 상황은 완전히 바뀌었다. 우리나라 부동산 가격이나 임대료, 인건비는 세계적 수준이며, 물류비용과 금융비용도 세계에서 가장 높은 형편이었다. 게다가 정부의 지나친 간섭과 규제가 극에 달했으며 근로자들의 근로의욕 또한 과거와 같지 않기 때문에 이제는 엄청난 원가부담을 안게 되었다.

더 나아가 고객은 엄청나게 까다로워져 이들의 욕구에 맞는 제품이나 서비스를 제공하지 않으면 판매 자체가 되지 않는 형편이 되었다. 그런데 여기에 글로벌 경쟁이 격화되었으니 과거의 원가

위주 방식으로 경영하던 많은 기업들이 도산하는 것은 지극히 당연한 일이다. 이러한 상태에서 기업이 살아남으려면 원가 위주 경영에서 가치 경영으로 바꾸어야 한다.

지금까지 우리나라의 많은 기업들이 원가절감을 위해 리엔지니어링, 다운사이징, T. Q. C. 등과 같은 방법을 사용하였다. 그 결과 원가절감의 효과를 많이 본 것은 사실이다. 그러나 중요한 것은 원가절감으로는 한계가 있는 데다 세계 모든 기업들이 이러한 방법을 모두 다 사용하여 원가절감 노력을 하고 있다는 사실이다.

원가절감은 꼭 해야 한다. 그러나 그것만으론 부족하다. 더구나 원가절감만이 기업경쟁력을 강화시키는 유일한 방법은 아니다. 선진 기업들은 원가절감뿐만 아니라 어떻게 하면 제품의 가치를 높일 수 있는가에 총력을 기울이고 있다.

따라서 이들은 제품의 가치를 높이기 위해 전 구성원들의 독창적 아이디어와 창의성을 바탕으로 경쟁사와 차별화된 그 무엇을 고객에게 지속적으로 제공하고 있다. 이제 중요한 것은 원가의 개념이 아니라 가치의 개념이다. 고객은 상품의 가치가 높다고 판단되면 얼마든지 더 높은 가격을 지불할 용의가 있다. 경우에 따라서 원가가 20% 더 들더라도 고객의 가치를 50% 향상시켜, 판매가격을 30% 높여도 매출이 두 배 이상 향상될 수 있다면 원가는 그렇게 중요하지 않다.

그런데 이러한 가치를 제고시키는 것은 우리가 소위 얘기하는 품질 자체의 하드 분야가 아니고 이것과 연결된 소프트서비스란 사실이다. 소프트서비스를 통해 우리는 고객의 가치를 증대시킬 수 있어야 하며, 이럴 때 비로소 그 제품, 기업에 대한 고객의 인지가 형성되는 것이다.

하루빨리 원가 중심 경영에서 벗어나 고객의 가치를 증대시키는 소프트 경영을 해야 한다. 그것만이 유일한 살길이다.

5) 이광현, 『아웃소싱』, 한국능률협회, 1998.

6) 이한구 · 이계식 · 오연천 · 배준호, 『한국병』, 매일경제신문사, 1998. 112~113쪽.

7) 매경 지식프로젝트팀, 『지식혁명보고서』, 매일경제신문사, 1998. 88~89쪽.

8) 알리스(홍수원 역), 『포커스 경영』, 세종서적, 1996. 141쪽.

제 3 장

역경 중에 오히려 뜨는 기업

IMF 돌풍에 수많은 기업이 쓰러졌다. 그러나 이러한 역경 중에 오히려
성장하는 기업들도 있다. 항상 건전한 위기의식을 갖고 자신의 핵심역량
에 근거하여 초점경영을 지향한 기업들이다. 또한 재벌놀이에 관심 두지
않고, 무모한 외형성장만을 추구하지 않았던 기업들이다.

외곬기업 농심

농심은 1965년 창업 이래 무수한 역경을 극복하면서 한국의 대표적인 식품기업으로 자리잡고 있다. IMF 관리체제하에서도 전혀 흔들림 없이 오히려 매출이 전년 대비 22%나 성장하는 놀라운 저력을 보여 1998년에 역사적인 매출 1조 원을 달성하였다. 우수한 연구개발력, 뛰어난 품질, 과학적인 영업력 및 전국에 거미줄같이 펼쳐져 있는 효율적인 배송시스템이 상승효과를 거두어 이러한 성과를 이룬 것이다.

농심은 식품회사답게 소비자들이 신뢰할 수 있는 철저한 품질관리와 건강 및 기호를 최우선으로 고려했다. 각종 제조설비의 국산화, 양질의 원료 사용, 컴퓨터 시스템에 의한 완전자동화, 첨단 제조설비는 타사보다 앞서갈 수 있는 원동력이 되었다.

특히 IMF 관리체제 1년 동안 대부분 기업의 주가가 50% 이상 하락했음에도 농심 주가는 오히려 상승 현상이 발생하였다.

이만큼 농심은 국내 어떤 기업보다도 내실이 있으며 위기 때 더욱 그 빛을 발하는 기업이다. 또한 '위기는 기회'라는 기치하에 세계 최대의 시장인 중국에 2개의 현지 공장을 설립했으며 앞으로도 추가적으로 현지공장을 증설할 계획이다.

농심은 지난 30년 동안 우리나라 대부분의 기업들이 비관련 산업 진입을 통한 업종다각화를 추진한 것과는 정반대로 라면과 스낵만으로 승부를 거는 외곬 경영을 했다. 라면=농심으로 소비자에게 인식될 정도로 오로지 라면과 스낵만 고집하여 오늘날 식품업계 정상에 오를 수 있게 됐다. 그 결과 국내 라면시장의 65% 이상을 농심이 점유하고 있으며 '신(辛)라면' 하나만으로 3,000여 억원의 매출을 올리고 있다.

이제는 라면을 세계인의 식탁에 올리기 위한 라면의 세계화를 추진하고 있다. 세계인이 스파게티, 피자, 햄버거를 즐겨 먹듯이, 라면도 이 대열에 끼게 될 날이 머지않았다.

선단경영, 약점 보완형 경영 등을 추진했던 기업들이 IMF 돌풍에 맞아 몰락하고 있는 가운데 초점경영과 강점추구경영을 통해 세계적인 경쟁력을 갖춘 농심은 우리가 본받아야 할 기업의 표상이다.

도전과 창조

농심은 1965년 불과 500만 원이라는 소자본으로 사업을 시작하였다. 초창기 사업부진으로 사업의 포기를 생각했을 정도로 존폐의 위기에서 재기하여 오늘날 라면업계뿐 아니라 식품업계 전체에서 자타가 인정하는 견실한 기업으로 성장하였다.

농심은 창업과 동시에 연구실을 독립조직으로 출범시켰다. 단순히 선진국의 기술을 도입하는 데 급급하거나 특정제품을 모방하여 가공하는 수준에 불과했던 그 당시, 연구개발 부문에 대한 투자가 오히려 모험으로 치부되던 시대에 이러한 농심의 결단은 어쩌면 커다란 도전이 아닐 수 없었다.

하지만 주위의 우려에도 불구하고 창업 초기부터 새로운 제품의 연구개발에 온 힘을 기울였으며, 남들이 하는 대로 쫓아가지 않고 독특하고 독자적인 제품을 개발하고자 하는 창조적 정신의 기본 틀이 이때부터 형성되기 시작하였다.

스낵문화 토착화의 계기가 된 새우깡

국내 최초의 스낵으로 제품이 생산된 이래 아직까지도 변함없이 남녀노소 폭넓게 사랑받고 있는 장수 제품 새우깡의 유래는 빼놓을 수 없는 성공사례이다.

1971년 말에 판매되기 시작한 이 제품은 창업주의 아이디어와 연구팀의 무(無)에서 유(有)를 창조하는 도전의식으로 개발한 것이다. 제품 생산의 한 기술인 파칭공법(Parching: 열을 가한 소금으로 퍼핑하는 공법)의 개발과 그에 따른 새우깡의 탄생은 이 땅에 스낵문화를 토착화시키는 계기를 마련했다.

이제는 누구에게나 친숙해진 스낵제품의 대명사인 새우깡은 그 제품명에서부터 창업주의 집념과 기지가 숨어 있다. 제품개발에 착수한 후 그 개발 의지에 걸맞은 마땅한 이름이 생각나지 않자 창업자는 자나깨나 혼이 담긴 이름을 찾기에 고심했다. 그러다가 그의 세 살바기 어린 딸이 우리의 민요 아리랑을 부르면서 '랑'을 '깡'으로 잘못 발음하는 것을 듣고 바로 이것이라며 무릎을 쳤다고 한다. 이 순간적인 아이디어가 이후 국내 스낵제품을 지칭하는 공용어로 자리잡게 된 것이다.

새우깡의 제품명에 관한 이 일화는 단순한 야담으로 넘겨버릴 수 없는 교훈을 담고 있다. 그 당시 뇌리를 스치고 지나간 생각, 즉 깡이라는 발음이 말을 배우기 시작하는 어린이들조차도 쉽게 발음할 수 있는 음성학적 특성을 가지고 있다는 착안은 농심에게 준 커다란 선물인지도 모른다. 정작 해답은 늘 우리 주변에 있지만 그냥 지나쳐버리기 쉽다. 중요한 것은, 해답을 얻기 위해 당사자가 흘린

땀과 고민 속에서 새우깡이라는 기발한 제품명이 탄생한 것이지 창조적인 발상과 노력 없이 저절로 얻어진 게 아니라는 점이다.

이와 같이 농심은 제품의 이름 하나 하나에도 열과 성을 다하는 자세를 보여주었으며, 이렇게 이름 지어진 새우깡은 거의 30년이 흐른 아직까지도 한국 스낵사상 최고의 베스트셀러로서 그 아성을 굳건히 지키고 있다. 그리고 뒤따라 나온 양파깡, 감자깡, 고구마깡 등 이른바 독자적인 '깡' 제품의 선풍을 주도하였다.

우수한 우리 식문화를 제품화하여 견실한 시장입지 구축

소고기는 모든 국민이 선호하지만 당시의 경제 사정으로는 쉽게 먹을 수 있는 식품이 아니었다. 이러한 점에 착안하여 연구진은 실제 소를 잡아 거대한 탕 속에서 푹 고아 농축시킨 후 여기에 온갖 양념을 가미하여 이것을 분말 수프화한 '소고기라면'을 개발하였다. 이 분말수프를 라면과 같이 넣어 끓이면 국물 맛이 그대로 재현되어 맛과 영양을 동시에 제공 할 수 있었던 것이다.

소고기라면은 첫선을 보이기가 무섭게 전국적인 시장을 형성해 나갔다. 소비자들의 입맛과 취향을 정확히 파악한 연구팀이 또 한 번 개가를 올리는 순간이었다.

그러나 1970년 말경인 이때 농심은 가중된 경영난 때문에 회사를 매각하려고 상담 중이었다. 그런데 매입 상대 회사가 여러 가지로 까다로운 조건을 제시하는 바람에 상담은 결렬되었고, 마침 소고기라면이 엄청난 히트를 기록함으로써 매각의 위기를 넘길 수 있게 되었다.

고객의 관심이 집중되다 보니 제품명에 시비가 일기도 하였다. 당시는 소고기의 표준어가 쇠고기였기 때문에 제품명을 쇠고기로 해야 한다는 의견이 분분했다. 그러나 소비자들이 쉽게 이해할 수 있다는 단순함을 중시한 농심은 표준어법과는 무관하게 그대로 소고기를 주장하였고 후일 문교부에서도 표준어법상의 정당성을 인정하였다. 이후 같은 이름의 모방 제품들이 시장을 교란시키는 경우도 있었지만 소비자들은 흔들리지 않았다.

소고기라면의 개발은 시장경쟁력 강화라는 측면에서 커다란 의미를 가지는 사건이었다. 또한 소고기같이 우수한 원료를 제품화하는 데 성공함으로써 우리나라 식품공학사에 길이 남을 금자탑을 세우게 되었다.

회사명을 변경하여 고정된 이미지에서 과감히 탈출

후발업체로서 온갖 어려움을 극복하고 국내 유수의 식품업체로 도약하기 시작한 1970년대 중반에 들어서면서 농심은 또 하나의 고민을 하기 시작하였다. 뭔가 소비자에게 독특하게 다가설 수 있는 브랜드를 개발해야겠다는 필요성을 절감했던 것이다. 롯데라는 기존의 회사명만으로는 당시 고정된 이미지 효과밖에 기대하기 어려웠던 것이다.

롯데라고 하면 소비자들은 우선 껌이나 과자를 연상할 정도로 롯데공업(농심의 이전 회사명)의 제품인 각종 면류와 스낵류의 이미지와는 거리가 멀었다.

미래는 개성 있는 회사만이 살아남는다. 독특한 자화상도 없이 경쟁의 소용돌이를 헤쳐나갈 수 없다. 회사명 자체에서 선명한 이미지와 장래의 비전이 드러나는 그런 이름이 없을까? 이런저런 고민 중에 당시 새마을운동이 시작되면서 창업주는 새마을 연수교육에 참가하게 되었고, 그 자리에서 '農心은 天心'이라는 주제의 강의를 듣고 감명을 받게 되었다. 그 순간 농심(農心)이라는 단어가 이제까지 생각해오던 이미지에 딱 들어맞는 느낌을 받았다.

이어서 새로 개발될 제품의 이름을 '農心라면'이라고 명명하고 부서를 개편하면서까지 개발에 총력을 기울이는 한편 농촌의 아름다움과 순박한 이미지를 農心라면의 광고를 통해 부각시킴으로써 엄청난 반향을 불러 일으켰다. 그 동안 산업화의 과정에서 잠시 잊혀졌던 고향의 향수는 광고를 통하여 새로운 모습으로 우리 곁에 다가왔던 것이다.

옛날 어느 시골에 의좋은 형제가 살았다네.

형과 아우는 열심히 농사를 지어 수확을 거뒀다네.

형은 새살림을 시작한 아우를 걱정하고

아우는 부모를 모시는 형을 걱정했다네.

그리하여 서로 밤중에 볏단을 등에 지고 형은 아우네 낟가리에,

아우는 형네 낟가리에 몰래 옮겨 놓았다네.

이튿날 아침에 보니 서로의 낟가리는 줄어들지 않고 전과 같았다네.

의아해진 형제는 다시 다음날 밤 볏단을 옮기다가

논 한가운데서 마주쳤다네.

형님! 아우야!

형제는 얼싸안고 감격해 울었다네.

초등학교에서 한번쯤 접해봤을 이러한 농부 형제의 마음은 '형님 먼저 아우 먼저'라는 광고 카피로 일목요연하게 표현되었고, 이것은 서로 아끼고 서로 양보하는 아름다운 세계를 나타내는 시구가 되어 전파매체를 타고 전국으로 퍼져나갔다. "형님 먼저, 아우먼저!"는 사랑하고 양보하는 상황을 묘사하는 시대적 표현이 되어우리 사회에 지대한 영향을 끼쳤다.

성장의 한계론에 도전

많은 사람들이 이미 1970년대 말부터 라면시장이 포화상태에 이르렀다고 주장했다. 그러나 농심의 생각은 달랐다. 농심은 시장의 수요는 이미 정해진 상수가 아니라 살아 움직이는 변수라는 사실을 간파하여 남다른 안목과 소신으로 당시 누구도 동조해주지 않는 과감한 견해를 밀고 나갔다.

즉 농심은 제품의 질적인 특성과 적절한 생산능력 확충이 전제된다면 라면 제품에 대한 당시의 성장한계론을 충분히 깨뜨릴 수 있다고 생각했다. 결국 라면의 질을 파격적으로 격상시킨다면 새로운 수요가 창조된다는 농심의 논리는 추후 현실로 입증되었다.

농심은 이 같은 논리에 입각하여 '라면의 맛은 수프의 맛'이라는 다소 역설적인 가설을 바탕으로 실제 경쟁사에 비해 수프 맛을 특별히 향상시킴으로써 1980년대 중반 다시 한 번 라면시장의 수요를 파격적으로 증대시켰다. 이것이 업계 선두주자로서의 농심의 위상을 굳건히 만든 결정적인 계기가 되었다.

이후 농심은 엄청난 자금을 투자하여 수프 전문공장을 안성에 설립하였고 이후 계속적인 확장과 설비도입으로 세계적인 최신설비를 구축하게 되었다. 이로써 우리나라 라면 수요의 르네상스라고 해도 좋을 새로운 부흥기를 열게 되었다.

글로벌 브랜드화에 성공한 신(辛)라면

1986년 10월에 개발한 辛라면은 국내 라면사상 최고의 히트를 기록하며 업계의 대표주자로 자리잡은 제품이다. 얼큰하고 매콤한 맛을 선호하는 한국인의 기호를 그대로 재현한 辛라면은 처음 시판되면서부터 선풍을 불러일으켜 단기간에 국내 라면시장을 평정하는 데 성공을 하였다.

辛라면은 붉은 고추와 소고기가 잘 조화돼 매콤하고 개운한 소고기 국물 맛이 일품이다. 그리고 면발이 탄력적이고 부드러워 식감이 양호하였다. 또 건파와 마늘 등으로 만든 별첨수프를 첨가하여 독특한 향미를 내도록 했으며, 포장까지도 매운 맛이 느껴지도록 붉은색으로 디자인하는 등 세심한 노력을 기울였다. 농심의 연구, 영업, 생산, 디자인 등의 각 부문에 걸친 도전과 창조정신이 또 한번 유감없이 발휘되었던 것이다.

辛라면은 국내 시장을 석권함과 동시에 이제는 세계인이 사랑하는 글로벌 브랜드로 성장하여 세계 여러 국가로 수출되고 있다. 그리고 중국 현지 공장에서도 주력 상품으로 생산이 되는 등 농심의 세계화에 앞장서는 대표적인 상품으로서 입지를 굳히게 되었다.

辛라면은 일본에서도 인기가 있어 매운 맛을 기피하는 일본의 식문화를 바꾸는 계기가 되었다. 현재 일본에는 한국에서 수출한 辛라면 이외에도 매운 맛을 컨셉트로 하는 여러 종류의 제품들이 앞다투어 출시되었으며, 일본 식문화의 한 장르로 자리잡아가고 있다.

창업자의 독특한 사고

농심의 역사는 도전과 창조, 상품력을 기본으로 하는 끊임없는 혁신의 과정이었다. 그러나 농심은 과거의 성공에 연연해하지 않고, 21세기 세계 초일류기업을 꿈꾸며 겸손하게 미래를 준비하고 있다.

이에 따라 1990년대 중반부터 3대 혁신과제 즉 비전 경영, 프로세스 혁신 및 정보화, 인사제도의 혁신을 지속적으로 추진하였다. 이러한 혁신을 위한 사전준비와 비관련 산업분야에 한눈을 팔지 않는 초점경영 때문에 농심은 IMF의 한파에도 전혀 흔들리지 않고 있다. 농심의 창업주인 신춘호 회장은 우리나라 기업들은 조금만 커지면 재벌이 되기 위해 이 산업, 저 산업에 마구 뛰어들어 재벌놀이를 하고 있다면서 경쟁력과 내실이 없이 외형만 부풀린 재벌구조를 항상 비판했었다.

"라면과 스낵을 이왕 시작했으면 이것으로 승부를 걸자, 국내시장이 작으면 전세계로 나가자, 거기에도 얼마든지 큰 시장이 있다.

이것이 우리가 나갈 길이다."라고 항상 주장했던 것이다. 이러한 창업자의 정신이 지금의 농심을 위기 중에 더욱 빛나게 하고 있다.

21세기 준비의 서막, 신대방동 신사옥 건립과 이전

1990년대 들어 농심은 다가오는 21세기를 대비하고자 하는 의욕적인 방안의 하나로 새로운 사옥의 건립을 모색했다. 세계 무대 진출을 앞두고 기업 전체 업무의 효율화를 기하는 동시에 농심의 위상을 새롭게 정립하고자 했기 때문이다.

이 같은 취지에 걸맞게 새로운 사옥은 애당초 국내에서 몇 되지 않는 최첨단 인텔리전트 빌딩(Intelligent Building System: IBS)으로 설계되었다. 신사옥은 단순한 공간 활용 위주의 기존 빌딩 개념에서 탈피하여 첨단정보통신 서비스 지원, 자동화 시스템에 의한 빌딩관리, 에너지절감, 인간공학적 작업환경 제공 등 인간의 창조력을 최대한 발휘하게 하는 빌딩, 업무의 생산성을 최대화할 수 있는 인간 본위의 건축물을 목표로 건립되었다.

1965년 9월 식품보국(食品報國)의 이념으로 창업의 첫걸음을 내딛은 농심은 창업기의 시련을 극복하고 부단한 자기변신과 개척 정신으로 마침내 국내 유수의 기업군으로 거듭났으며, 이제는 신사옥의 든든한 기둥과 벽돌처럼 세계로 미래로 탄탄하게 뻗어 나가기 위한 기초 정지 작업을 마무리한 것이다.

비전경영으로 강하고 좋은 회사 만들기

그 동안 발전을 해온 핵심역량을 바탕으로 미래에 요구되는 새로운 핵심역량을 축적하여 앞으로 다가오는 무한경쟁을 극복하고 안정적인 성장을 도모하기 위해 농심은 1996년을 기점으로 비전경영을 도입하였다.

이에 농심은 더 좋은 상품과 서비스를 제공함으로써 내외부 고객의 보다 나은 삶에 이바지하겠다는 기업 이념을 새로이 정립하고, 2005년까지를 목표로 하여 세계 초일류의 기업으로서 식문화와 생활서비스를 창조하고 고객과 함께 건강과 기쁨을 선도하겠다는 비전을 설정하였다.

구체적인 실행전략으로서는 기존 사업을 더욱 부가가치가 높은 사업으로 전환시키며, 전후방 연계사업을 강화하고 미래 유망사업을 계속적으로 탐색하여 시드화하며, 국제화 전략으로서는 중국을 위시한 해외에 현지화를 추진하기로 하여 현재 중국의 상해와 청도에 공장을 설립하여 이미 가동을 시작하였으며, 현지 영업조직을 구축해 나아가고 있다.

또한 국내외 사업을 성공적으로 수행하기 위하여 인사제도를 혁신하는 한편 면, 스낵과 관련된 기존 핵심역량을 강화하고 정보지식사회에 상응하는 미래의 역량을 축적하며, 최적 정보화시스템을 구축하는 등 내부 역량을 강화하기 시작했다.

이러한 장기적인 방향에 맞추어 그것을 실행하기 위한 중단기 목표 전략을 전사, 본부, 팀단위 조직 수준으로 매년 수립하여 실행하고 있다. 또한 조직 수준별 연간 2회 전략적 업적평가를 측정하여 인사적, 제도적으로 반영하고 있다. 이러한 비전경영을 통해 내부 역량을 착실히 강화시킨 결과 IMF 역풍은 농심에게는 오히려 순풍이었다.

이러한 와중에 농심은 새로운 경영체계에 부응하여 구성원 모두가 뜨거운 열정을 가지고, 미래의 경쟁에서 언제나 앞서 나아갈 수 있는 기업문화를 구축하고자 노력하고 있다.

내부 업무프로세스의 혁신

내부 역량을 한층 강화하기 위한 미래 발전 계획의 하나로 기존 업무 프로세스를 혁신하여 정보화하고 효율화하기 위한 BPR 프로그램이 비전경영이 정립되기 한 해 전인 1995년부터 추진되었다.

농심의 BPR이 추구하는 목표는 크게 세 가지로 설명될 수 있다. 첫째는 기간업무의 프로세스 혁신 내지는 개선, 사무처리업무의 자동화, 실시간 업무 처리 분석을 통한 업무의 질 향상. 둘째, 정보기술을 통한 의식개혁, 정보공유와 보안체계의 확립, 지식관리 인프라 구축과 같은 정보공유 기반 강화. 셋째, 중요 의사결정지원 기능의 강화, 시간과 공간을 제약을 최소화하는 업무환경 실현, 리얼타임으로 경영 정보를 제공하는 등의 전략형 신정보시스템 구축 등이다.

그 결과 각 기능별 시스템과 연계된 경영관리시스템, 워크플로우시스템, 데이터웨어하우스, 웹서비스시스템, 문서관리시스템, 그룹웨어시스템 구축이 이미 완료되어 가동을 시작하였고, 남아 있는 분야들도 단계적으로 추진해 나아가고 있다.

농심은 중장기 경영전략과 연계하여 BPR을 추진함으로써 지식과 정보기술을 통한 사업영역을 확대하고, 고객만족 향상, 생산성 향상, 그리고 가장 기본이 되는 고품질을 바탕으로 하는 상품력 향상을 지향하고 있다.

과학적인 신인사제도의 도입

내부역량을 강화하기 위한 또 하나의 혁신 프로그램이다. 인재에 대한 경쟁력을 높이기 위한 신인사제도는 열심히 일한 사람에게는 열심히 일한 만큼 처우를 한다는 종전의 인사철학을 한 차원

높게 과학적으로 구체화했다. 한 사람 한 사람의 개성과 의욕을 존중하면서 회사 전체의 목표를 달성하고자 하는 것이 궁극적인 목적이었다.

즉 직무 중심의 성과주의 인사제도를 도입하여 종업원 한 사람 한 사람의 역할과 책임을 명확히 하고, 전문 인력과 국제인을 육성하며, 공평한 평가와 처우를 통하여 경쟁력 있는 인재가 자신의 역량을 마음껏 발휘하고 일할 맛 나는 회사 분위기를 조성하자는 것이다.

신인사제도는 네 개의 축을 중심으로 순환 발전되는 구조를 가지고 있다. 첫번째가 회사내 직무를 분류하고 각 직무에 고유하게 기대되는 최종 성과 책임을 명확히 규정하며 이를 근거로 각 직무를 평가하여 등급화하는 직무등급체계이다. 두번째는 사업 목표 및 전략에 연계하여 각자의 직무에 상응하는 연도별 목표를 수립하고 평가하는 체계이다. 세번째가 직무의 크기와 목표 달성도를 근거로 한 성과주의 급여체계이다. 네번째는 현재 개발중인 것으로서 어떠한 목표를 달성하기 위하여 어떠한 능력을 개발하는 것이 바람직한가라는 입장에서 구체적으로 프로그램을 개발하고 그 내용을 공개하여 자기계발의 척도로 삼을 수 있도록 하며, 보다 높은 직무로 이동하기 위하여 필요한 기술이나 능력이 무엇인가를 명확히 공개하고 필요한 교육을 제공하는 능력계발 체계이다.

농심은 말없이 미래를 꾸준히 준비하고 계획을 세워 실행하는 믿음직한 기업이다. 그러면서도 항상 기본에 충실하는 것을 결코 잊지 않고 있다. 그러한 힘들이 결집되어 오늘날의 모습으로 성장하였고, 어려운 경영여건 속에서도 지속적으로 성장 발전하는 원동력이 되었다.

항상 한 발 앞서가는 기업 보해양조

매취순, 김삿갓, 곰바우 등 아주 낯익은 이 이름들은 보해양조가 지난 50년간 주류 한 품목에만 매진한 결과 탄생한 제품들이다.

보해는 목포라는 작은 양조도시에서 출발하여 광주 전남지역을 평정하고 이제는 서울뿐만 아니라 전국에서 엄청난 저돌성을 과시하고 있다. 이러한 저돌성은 작은 도시에서 출발하여 서울이라는 대도시에 확고한 자리를 잡는 과정에서 형성된 것이라 할 수 있다.

오로지 술만 전문으로 만든다는 기업 이념, 강력한 브랜드와 전 사원들의 뜨거운 열정을 바탕으로 1998년에 1,500억원의 매출을 올린 보해양조는 IMF 관리체제라는 어려운 시절을 슬기롭게 극복하고 있다.

무사카린 소주의 개발

보해는 1950년 초 소주와 청주를 만들면서 주류업계에 발을 들여놓았다. 그 후 소비자의 기호 변화에 따라 청주면허를 반납하고 1970년대 중반부터 본격적으로 소주 전문업으로 특화하기 시작했다. 이 당시는 삼학과 진로가 서울지역에서 막강한 힘을 발휘하고 있었고, 삼학의 부도로 '소주＝진로'라는 공식이 형성된 터였다. 1980년 중반부터 본격적으로 서울 공략에 나선 보해는 거인 골리앗인 진로와의 메이커 대 메이커의 싸움보다는 브랜드 싸움이 유리하다고 판단하여, 1989년 국내에서는 처음으로는 무사카린 소주를 개발하여 시판하기 시작했다.

무사카린 소주의 개발은 소주업계간 치열한 경쟁을 야기시켰고 그 후 보건복지부에서는 보해의 의견에 따라 소주에서 사카린을 없애도록 명령을 내렸을 정도였다. 진로의 아성을 무너뜨릴 수는 없었지만 소주업계에 신선한 충격을 던져주었고, 이를 통해 보해라는 이미지가 서울지역 소비자들에게 서서히 인지되기 시작했다.

5년 숙성된 매취순의 성공

무사카린 소주 개발로 자신감을 얻은 보해는 1990년 그 유명한

'매취순'을 시판하기 시작했다. 매취순은 5년 동안 숙성된 매실로 만든 술로서, 한국에서는 처음으로 숙성해서 만든 술이었다.

매취순은 보해의 장인정신과 실험정신이 없었다면 결코 이루지 못할 성과였다. 보해는 가장 한국적인 술로서는 매실주가 으뜸이라고 판단하고 1977년 청주제조면허권을 반납하고 매실주 제조면 허권을 취득, 매실주의 제조에 착수하게 되었다.

5년간의 연구 끝에 3년 숙성된 매실주 매취를 1982년에 시판하였으나 소비자의 큰 호응은 받지 못했다. 연간 80만 병~120만 병 수준으로 손익분기점을 크게 밑도는 수준이었다. 오히려 숙성원액의 제조와 보관에 많은 투자를 하게 돼 회사의 재무상황을 위협하게 되었다.

이를 타개하고자 경영컨설팅을 받았는데, 한국에서는 매실주 시장이 없으니 빨리 단종하고 새로운 사업을 하는 게 낫다는 진단 결과가 나왔다. 그리고 당시 진로에서 홍실이란 매실주를 시판하고 있었는데 가능성이 없다고 보고 제품 철수를 심각하게 고려하던 중이었다. 실제로 몇 년 후 매실주 제조를 중단하기에 이르렀다.

그러나 보해 창업주 임광행 회장은 이에 개의치 않고 매실주를 포기하지 않았다. 임 회장은 아직 때가 이르기 때문이고 머지않아 반드시 인기를 얻게 될 것으로 확신하고 매년 매실 구입을 독려하였다. 당시 보해의 매실 구입량은 우리나라 총생산량의 절반에 이르는 엄청난 물량이었다.

이를 계기로 매취의 리마케팅 전략이 수립되었다. 먼저 숙성기간을 5년으로 늘이고 알코올 도수도 14%로 조정하였다. 패키지 디자인은 부드럽고 순한 이미지를 강조하기 위해 와인 타입 병을 채택했다. 용량도 세계 표준인 375㎖로 정했다. 목표시장은 당시 새로운 요식업소로 각광받고 있던 일식집으로 정하고, 광고 판촉 방향은 생선회에 어울리는 술로 포지셔닝하였다.

약 2년 간의 준비 끝에 드디어 1990년 봄, 매취순이 시판되었다. 결과는 폭발적인 수직상승이었다. 우리나라 주류사상 최초의 5년 숙성 술인 매취순은 출시 6개월 만에 일식집뿐만 아니라 일반시장에서도 정착하게 되었다. 그리고 그 후 지금까지 매실주 분야에서는 산업의 표준을 설정할 정도로 독보적인 자리를 확고히 하고 있으며 이러한 매실주의 성공이 소주시장으로의 새로운 진입을 가속화시켰던 것이다.

매취순의 폭발적인 수요에 힘입어 물량공급이 달리게 되자 사내에서는 3년 정도 숙성된 것을 시판하자는 의견이 강력하게 대두되었으나, 창업주 임광행 회장은 이를 단호히 거부했다. 매출 신장을 위해 고객과의 약속을 어겨서는 안 된다는 이유였다. 당시 임 회장이 매일 매취순의 출고량을 체크해 계획된 수량 외에는 단 한 병도 출고하지 못하게 했다는 유명한 일화는 지금까지 많은 경영자에게

귀감이 되고 있다.

매취순은 우리나라에 없는 매실주 시장을 개척했다는 점에서, 대기업도 포기한 사업을 성공시켰다는 점에서, 하루아침에 이뤄진 것이 아니라 10여년 간 각고의 노력 끝에 시장 진입에 성공했다는 점에서 많은 것을 시사한다.

보해 골드의 탄생

보해는 매취순이 서울시장 공략에 성공하자 그 여세를 몰아 1992년 '보해 골드'를 광주 전남지역에 출시하기에 이르렀다. 보해 골드는 오로지 광주 및 전남지역만을 타깃시장으로 하여 심혈을 기울였다. 그 결과 이 지역 소주시장의 95% 이상을 점유하게 되었으며 광주 전남지역에서는 소주는 곧 보해 골드라는 공식이 성립될 정도로 이 지역 주민들의 입맛을 사로잡았다.

시티소주의 실패

매취순과 보해 골드의 혁혁한 성공은 보해가 소주를 가지고 진로가 석권하고 있는 서울시장을 본격적으로 공격할 수 있는 근간이 되었다.

즉 매취순을 통해 이미 보해라는 이미지가 서울시장에 형성되었으며 보해 골드를 통해 소주 개발에 대한 노하우를 축적했다고 판단한 것이다. 더 나아가 보해는 이러한 성공을 바탕으로 한 든든한 자금력과 자신감을 갖게 되었다.

1994년 보해는 드디어 서울공략에 들어갔다. 1989년 최초로 개발된 무사카린 보해 소주로 서울 입성에 실패한 보해는 새로운 컨셉트의 소주를 가지고 서울에 재도전장을 던졌다. 바로 '시티소주'였다. 즉 보해는 산소와 같이 깨끗한 소주라는 무첨가물 소주인 시티소주를 국내에서 처음 개발하였다.

방독 마스크를 착용한 수많은 사람이 빌딩 숲을 지나가는 광고를 시작으로 시티소주는 서울 공략에 본격 돌입했다. 조미료 등과 같은 첨가물이 없는 순수하고 깨끗한 소주를 강조했다. 그러나 고객의 반응은 냉담했다. 주정에다 물만 타고 첨가물을 넣지 않았으니 맛이 없다는 것이다. 첨가물을 탄 소주에 익숙한 대부분의 고객들이 외면한 것이었다. 고객들은 소주 맛이 좋다, 나쁘다로 판단했지, 깨끗하고 순수한 소주에는 별 관심이 없었다. 무첨가 소주, 순수한 산소 소주 등 컨셉트는 좋았으나 1년 6개월 만에 철수하지 않을 수 없었다.

두 번의 큰 성공 후에 맛 본 쓰라린 실패 경험이었다. 이때 보해가 터득한 것은 제품 컨셉트는 물론 경쟁사와 비교하여 상대적으

로 열악한 유통망, 영업력 그리고 이를 극복할 수 있는 마케팅의
보강이 절실하다는 것이었다.

소주 위의 소주 김삿갓의 급성장과 몰락

시티 소주 실패로 큰 충격을 받은 보해 임원진은 새로운 구상을
하기 시작했다. 그리고 다음과 같은 의문을 품게 되었다. 왜 소주
는 저급품만 있어야 하는가? 고급소주는 필요하지 않은가? 첨가물
을 넣는다면 어떤 첨가물을 넣어야 맛도 좋고 건강에도 좋은가? 왜
일식집에서는 소주를 잘 취급하지 않는가?(그 당시에는 일식집에
서 소주를 별로 취급하지 않았다) 소주 병의 모양새는 꼭 이래야 하
는가?

이러한 무수한 고민 끝에 탄생된 제품이 그 유명한 '김삿갓'이다.
보해는 1996년 초 소주에 진짜 꿀을 넣은 프리미엄 소주(고급소주)
인 김삿갓을 판매하기 시작했다. 까만 병에 허리가 잘록하면서 세
련된 모습의 프리미엄 소주가 드디어 탄생한 것이다. 즉 '소주 위의
소주'라는 캐치프레이즈를 들고 재반격에 나선 셈이다. 김삿갓의
개발은 사실 진로와의 전면전을 위한 것이 아니었다. 일식집에서
소주를 팔게 하기 위한 전략하에 개발된 것이었다. 즉 고급소주를
가지고 일식집이라는 니치마켓을 타깃으로 개발된 제품이었다.

그 당시 일반소주 판매가가 400원일 때 김삿갓은 970원이었다. 사실 엄청나게 비싼 가격이었다. 이러한 김삿갓은 출시 3개월 만에 수직상승을 하기 시작했다. 전혀 예상치 못한 일이 발생한 것이었다. 일식집 시장으로 들어가기도 전에 일반 소주시장에 불이 붙었다. 보해 본사 부근에 도매업자들이 트럭을 갖고 대기하는 통에 부근이 교통마비가 되는 소란이 연일 계속됐다. 월 50억 원이라는 경이적인 매출이 발생하였다.

김삿갓이 놀라운 판매를 기록하자 유사품이 나오기 시작했다. 즉 까만 병에다 김삿갓과 같이 토속적인 이름을 가진 유사제품이 속속 등장하였다. 보배의 이몽룡, 두산의 청산리 벽계수, 무학의 태백이, 선양의 황진이 등이었다.

이렇게 수요가 폭발하자 여러 가지 예상치 못한 문제가 발생하였다. 우선 서초동 서울사무소에 소재한 물류시설만으로는 이 엄청난 수요를 감당하기 어려웠다. 이 때문에 당시 용인 수지, 부천, 의정부 세 곳에 새로운 물류기지를 설치하였다.

두번째 문제는 꿀 부족이었다. 주문이 쇄도하자 미처 꿀 구매처를 확보하지 못해 허둥지둥하는 꼴이 되었다. 그 당시 가짜 꿀을 넣었다는 등 여러 가지 말들이 나돌았다. 따라서 보해는 이러한 소문을 불식시키기 위해 일반 시장보다 30% 이상 비싼 동서식품에서 꿀을 조달하기 시작했다. 동서식품에서 김삿갓에 들어 있는 꿀은 동서식품의 엄선된 꿀이라고 광고를 해주어서 이런 소문에서 벗어날 수 있었다.

세번째 문제는 병이 부족했다. 갑자기 수요가 폭발하자 독특한 컬러의 김삿갓 병을 기존 시설만으로는 공급하기 어려웠다. 그래서 독일로부터 새로운 신형 장비를 도입했다. 장비가 들어온 때가 그해 12월 무렵이었다.

그러나 3월부터 시판된 김삿갓은 9월에 최고의 정점에 오르더니 그 이후부터 서서히 하락하기 시작했다. 그러더니 병 제조 장비가 들어오는 12월부터 폭락하기 시작했다. 폭발적인 수요 증가도 예상하지 못했던 일이었지만 급락도 전혀 예상하지 못했던 일이었다.

폭락한 원인은 여러 가지가 있었겠지만, 기존 소주 맛에 길들여진 고객들이 꿀이 든 고급소주를 일시적으로 선호했지만 단맛에 금세 싫증을 냈던 점이 가장 컸다. 또 하나는 다른 경쟁사들은 김삿갓을 흉내내서 이 시장에 너도나도 진입했지만 시장 선도자인 진로만은 이 시장에 발을 들여놓지 않았다.

진로는 그해 6월 타 경쟁사들과 다르게 숙성소주라는 새로운 개념하에 참나무통 맑은소주라는 프리미엄 소주를 개발하여 김삿갓의 독주에 맞불을 놓았던 것이다. 9월까지는 진로의 참나무통에도 불구하고 급상승을 하던 김삿갓은 그 이후 속락하고 말았다. 꿀을 넣은 프리미엄 소주라는 산업 표준이 정착되기 전에 숙성소주라는 새로운 개념이 고객들을 혼동하게 만들었던 것이다.

　당시는 맥주업계에서 언제나 정상의 자리를 지켰던 OB맥주가 하이트 맥주에게 완전히 결판이 났던 때였다. 하이트가 맥주업계 1위를 차지하여 승승장구하던 시절이었다. 이러한 맥주시장의 역전극에 바짝 긴장한 진로는 숙성소주라는 참나무통 맑은소주의 판매에 전사적인 노력을 기울였다. 엄청난 광고비를 쏟아 부으면서 참나무통 소주를 판촉한 결과 김삿갓에 불만이 많은 고객들이 곧바로 참나무통으로 이전하였다. 보해는 이러한 김삿갓의 폭락에 놀라 필사적인 노력을 기울였으나 속수무책이었다. 결국 김삿갓의 신화는 1년 만에 프리미엄 소주의 효시라는 이름과 함께 고객의 손에서 멀어지게 되었다.

　이러한 김삿갓의 붕괴를 통해 보해는 다음과 같은 새로운 교훈을 얻게 되었다. 김삿갓 판매의 수직상승에 따라 물류시설 확장, 병 기계장치 구입, 추가인력 모집 등 엄청난 고정비를 떠안게 되었다. 따라서 지나친 급성장은 기업에게 크게 좋을 것이 없다는 것을 알게 되었고, 이에 따라 완만한 성장이 기업에 더욱 소중하다는 사실을 깨닫게 되었다. 이에 따라 보해의 마케팅 전략이 상당히 수정되었으며 그때부터 스테디셀러(Steady Seller)를 지향하는 마케팅 전략을 선호하게 되었다

편한 소주 곰바우 탄생과 IMF 극복

이러한 참나무통의 반격에 따른 김삿갓의 몰락을 참담한 심정으로 바라보면서 보해는 새로운 신제품을 구상하기 시작하였다. 그 결과 1997년 3월 편한 소주 '곰바우'를 출시하였다. 경쟁자가 숙성 소주를 주장하는 대신, 보해는 육각수 물로 만든 편한 소주라는 캐치프레이즈로 곰바우를 탄생시켰다.

이제는 김삿갓처럼 곰바우의 급성장을 원하는 임원들은 하나도 없었다. 그 대신 스테디셀러로 시장에서 정착하여 꾸준히 팔리는 제품이 되길 바랐다. 이때부터 본격적으로 시작된 것이 '모심기 작전'으로 불리는 대면접촉이었다.

1997년 3월부터 모든 영업사원들은 "고객에게 가까이 가자!"라는 구호 아래 식당으로 가서 식당 종업원들과 똑같은 행동하기 시작했다. 즉 식당에서 음식도 나르고, 설거지도 도와주는 그야말로 온몸으로 부딪히며 식당 종업원, 주인과 친해지는 작전을 구사한 것이다. 따라서 형님, 이모, 고모 등의 말을 사용하면서 업주 및 종업원들과 끈끈한 인간관계를 형성하였다. 이렇게 인간관계가 형성된 가운데 손님이 오면 종업원들과 함께 음식을 주문받으면서 소주는 편한 소주인 곰바우를 드셔보라고 권하기 시작하였다. 영업사원뿐만 아니라 친해진 식당 종업원들도 곰바우를 손님에게 권할 정도였다.

사실 경쟁사들은 이러한 대면접촉 활동을 쉽게 전개하지 못하였다. 왜냐하면 대학을 나온 사람들, 소위 자신을 '배운' 사람들이라고 생각하는 경쟁사 영업사원들은 이렇게 몸으로 부딪히며 고객에 가까이 가는 방법을 알면서도 실천하지 못했기 때문이다.

그러나 보해는 아주 야성이 강한 기업문화를 갖고 있는 회사였다. 목포라는 작은 도시에서 서울시장 공략을 위해 축적해놓은 최대의 무기는 새로운 아이디어를 통해 미개척 분야에 도전하는 야성에 찬 기업문화였다. '우리'로 상징되는 높은 단결력과 술자리에서는 서로 형님, 동생이라고 부를 정도로 정으로 끈끈히 뭉쳐진 회사였다.

이런 가운데 1997년 말 IMF 사태를 맞게 되었다. 그 동안의 일련의 성공과 실패의 경험을 통해 보해는 탄탄한 사업 구조를 갖게되었다. 가능한 한 고정비 투자를 줄였으며 급성장보다는 고객과의 끈끈한 관계를 통한 시장진입 전략이 주효하여 IMF 관리체제이후 매출이 5% 증가하는 호황을 누렸다. 곰바우도 시장에 정착되어 연 150억원 정도의 매출을 올릴 수 있었다.

보해는 IMF 관리체제 이후 곧바로(1998년 3월) 다른 어떤 회사보다도 먼저 곰바우 가격의 대폭인하를 단행하였다. 즉 프리미엄소주를 포기한 것이었다. IMF 관리체제하에서 대다수 국민들이 어려움을 겪고 있다는 판단하에 서민의 술인 소주의 가격 거품을 제거한 것이었다. 이렇게 하여 가격이 일반소주와 동일하게 되었다. 그렇다고 품질을 낮춘 것은 아니었다. 소비자가 보기에는 똑같아 보이지만 원가를 절감하기 위해 상표 스티커, 뚜껑 크기, 병 색깔 등을 약간씩 바꾸었다. 그리고 사내에서는 업무혁신, 공정혁신, 인건비 절감 등 대대적인 혁신운동을 단행하여 가격인하에 따른 원가부담을 줄였다. 이를 통해 오히려 IMF 관리체제하에서 상당한 매출 증가를 경험했다.

경쟁사인 진로는 참나무통 프리미엄 소주를 계속 고수하다가 결국 11월 가격을 인하하지 않을 수 없었다. 이렇게 하여 한동안 맹위를 떨쳤던 고급 프리미엄 소주의 시대는 막을 내리게 되었다.

보해는 오로지 주류만을 전문으로 생산하는 기업으로서 지금까지 남들보다 언제나 한 발씩 앞서가는 도전적인 모습을 보여주었다. 하지만 이렇게 앞서갔다고 항상 성공한 것은 아니었다. 실패 속에서 새로운 경험을 축적하고, 그 축적된 경험을 바탕으로 더 큰 성공을 거두었던 것이다. 무사카린 소주(보해 무사카린 소주), 무첨가물 소주(시티 소주), 숙성 매실주(매취순), 꿀 탄 프리미엄 소주(김삿갓) 등은 모두 보해가 주류 사상 최초로 시작한 것이었다.

보해는 비록 목포라는 작은 양조도시에서 출발했지만 광주 전남지역을 평정하고 서울 및 전국시장으로 올라와 숙성 매실주 시장을 개척했을 뿐만 아니라 다양한 소주를 계속 개발함으로써 소주＝진로라는 공식을 깨고 고객들에게 다양한 소주를 제시한 기업이다.

정으로 뭉쳐지고 야성으로 가득 찬 회사, 지금도 대면접촉 작업을 열정적으로 펼치면서 매취순, 보해 골드, 곰바우 등의 뛰어난 제품으로 보해는 IMF 한파를 녹이면서 새로운 신제품 개발에 혼신의 노력을 기울이고 있다.